Bruno Vonarburg

Das Kräuterjahr

Bewährte Heilpflanzen
und beliebte Würzkräuter
im Jahreslauf

Gräfe und Unzer

Inhalt

Ein Wort zuvor

Man sagt, die Liebe zu den Pflanzen sei so alt wie die Menschheit selbst. Bereits die ersten Bewohner dieser Erde nahmen bei Krankheiten Zuflucht zur Pflanze. Wir können uns die berechtigte Frage stellen, ob ein Mensch, der mit der Natur eng in Berührung steht, sich von Wurzeln und Blättern ernährt und in Tälern und Wäldern seine Wohnstätte hat, überhaupt von Krankheiten befallen werden kann. Die Wissenschaft hat sich mit dieser Frage auseinandergesetzt und festgestellt, dass schon die ersten Menschen dieser Erde gegen Krankheiten zu kämpfen hatten. Diese Urbewohner unserer Erdkugel haben uns nämlich eindeutige Merkmale hinterlassen, ihre Gebeine, welche heute noch Zeichen von arthritischen und rheumatischen Veränderungen aufweisen, so beim Neandertaler, dem frühesten Europäer vor rund 25 000 Jahren.

Unsere Urahnen hatten kein anderes Heilmittel zur Verfügung als die Natur mit ihren Elementarkräften Erde, Wasser, Luft und Licht. Die Erde spendete ihnen Jahr für Jahr eine reiche Auswahl an Kräutern, die sie für ihre Ernährung und als natürliche Medikamente bei Krankheiten nutzten. Im Tierreich beobachteten sie, wie das Wild bei Krankheitsbefall Heilung bei Kräutern suchte. Hüstelnde Hirsche suchten gierig nach dem Lungenkraut, ausgehungerte Bären stärkten sich in den ersten Frühlingstagen mit Bärlauch, verletzte Gemsen legten sich auf den Alpenwegerich, und der mit Bilsenkraut vergiftete Eber kurierte sich mit frischen Eberwurz- oder Silberdistelwurzeln.

Alle diese Beobachtungen machte der vorgeschichtliche Mensch nicht gedankenlos. Er zog daraus für sein eigenes Wohlbefinden die richtigen Schlüsse. Es ist anzunehmen, dass unsere Vorfahren ihre Erfahrungen mit Heilpflanzen mit ihren Stammesgenossen besprachen und weitere Versuche unternahmen. Die Pflanzenheilkunde wurde so von Stamm zu Stamm, von Generation zu Generation mündlich überliefert und durch neue Erkenntnisse bereichert.

Hinweise für den Benützer des Buches

In den Beschreibungen der Heilpflanzen (Seiten 15 bis 117) findet der Leser alles Wissenswerte über Dosis, Verträglichkeit, Vorsichtsmassnahmen, Herstellung und Gebrauchsanweisung der gebräuchlichsten Heilkräuterkuren. Der Autor legt aber grossen Wert auf die einleitende Feststellung, dass das vorliegende Buch den Hausarzt oder den medizinischen Spezialisten nicht ersetzen kann. Es ist auch nicht empfehlenswert, die Therapie des Arztes ohne sein Einverständnis mit Heilpflanzenanwendungen abzulösen. Ferner ist es ratsam, den laienmässigen Gebrauch von Heilpflanzen nur auf leichtere, harmlosere Krankheiten zu beschränken wie Husten, Heiserkeit, Katarrh, Blähungen, Sodbrennen usw. Für Erkrankungen dieser Art können Sie verschiedene Heilpflanzen aus dem Buche auswählen, mit denen Sie einen Tee zubereiten oder eine Tropfenkur mit Frischpflanzentinkturen durchführen. Nach Einnahme der Präparate für die Dauer von einem Monat sollte ein merklicher Erfolg eingetreten sein, widrigenfalls ist eine ärztliche Untersuchung angezeigt.

Dieses Buch gibt aber auch Auskunft über verschiedene andere Möglichkeiten, Kräuter und Heilpflanzen im täglichen Gebrauch einzusetzen, wie zum Beispiel in der Wildkräuterküche, als Gewürze, Durststiller, Genuss- und Naturkosmetikmittel.

Wer die Anweisungen genau beachtet, kann in seiner Kräuterhausapotheke eine ganze Reihe von Heilpflanzen vorrätig halten, die bei allfälligen leichten Erkrankungen, als Gewürze und als Schönheitsmittel ausgezeichnete Dienste leisten.

Selbst in unserem Zeitalter der angewandten Wissenschaften und der Technik muss sich der menschliche Geist bewundernd der Weisheit der Natur beugen. Die Wiederentdeckung alter Volksheilmittel im Jahrhundert der Chemotherapie und die Erkenntnis, dass alte Kulturpflanzen und «Unkräuter» hochwirksame und sehr weise kombinierte Wirkstoffe für das Wohl des Menschen bilden, sei uns eine Mahnung, uns nicht zu weit vor der Natur zu entfernen. Wer sich damit beschäftigen möchte, den Bedarf an Arzneipflanzen, Wildkräutern, Gewürzen und Naturkosmetikpflanzen im Lauf des Jahres selbst zu sammeln, muss ein paar wichtige Regeln beachten, die in den Kapiteln auf den Seiten 9 bis 14 ausführlich behandelt werden.

Kräuter und Heilpflanzen im Jahreslauf

Auf der ganzen Erde gibt es rund 400 000 Pflanzenarten. Etwa 10 000 davon werden in der «grünen Apotheke» als Heilkräuter verwendet. Ungefähr 450 Heilpflanzen finden sich in unserer abwechslungsreichen Flora. Sobald der Frühling seinen Einzug hält, leuchten uns die Heilkräuter in farbenfroher Pracht entgegen. Es erscheinen in der Wiese der strahlende Löwenzahnteppich, am Bach die goldgelben Himmelsschlüssel, und durch den Wald zieht der würzige Duft des Bärlauchs. Alle diese Pflanzen und weitere mehr können dem kranken Menschen Hilfe bringen. Paracelsus nannte sie eine «Apotheke in Berg und Tal». Frühlingskräuter sind besonders reich an Vitaminen, Mineralien und organischen Säuren, die dem menschlichen Organismus vitalisierende Stoffe zuführen: Frühlingspflanzen können wir als Tee- und Heilkräuter verwenden, ferner in unserer Wildkräuterküche zu Kräutersalaten und Wildgemüsesuppen, aber auch zum Würzen von Speisen und nicht zuletzt als Naturkosmetikmittel für die Erhaltung der Schönheit.
Jeder Heilpflanzenfreund freut sich darauf, bei seiner Frühjahrswanderung die spriessenden Kräuter einzusammeln und in der eigenen Hausapotheke oder Kräuterküche zu verwerten. Köstlich sind die Rezepte und einfach die Anwendungen.

Wer vom 21. Juni an die Sommerwiesen bewundert, erlebt ein grosses Fest der Blumen, Kräuter und Bäume. Alle Berge, Hügel und Täler sind geschmückt mit den buntesten Blumen und Blüten. Der Naturfreund wird nie so viele Pflanzen im Hochzeitskleid antreffen wie gerade im Sommer. Wenn also zur Zeit der Sommersonnenwende, am Johannistag, am 24. Juni, die Pflanzenwelt in voller Entfaltung und üppiger Fülle leuchtet, dann kommt die schönste Jahreszeit für den Kräuterfreund. Was wird da nicht alles an Blättern, Blüten und Wurzeln zusammengetragen und zu Hause zu Tee, Sirup, Wein, Kompressen und Likör verarbeitet! Schon vor hundert Jahren galten die Tage um St. Johanni als die richtige Zeit zum Kräutersammeln. «Kräuter müssen um St. Johanni gepflückt werden, wenn sie ihre Wirkung voll und ganz erfüllen sollen», hiess die Regel. Dies hat seinen besonderen Grund. Heilpflanzen brauchen viel Sonnenlicht, um ihre Wirkung voll entwickeln zu können. Der 24. Juni und die Tage danach, wenn die Sonne hoch am Himmel steht, scheinen dafür die richtige Zeit zu sein. Johanniskräuter sind Heilpflanzen mit besonderer Kraft.

Die Natur, diese gutmütige, verschwenderische, alte Dame, hält jedes Jahr zur Zeit der Nebelbänke ein reiches Angebot von verschiedenen Wildbeeren für ihre Freunde bereit. Sie färbt sie blutrot, blau und schwarz und formt sie als Kugeln, Zäpfchen und Eikügelchen, damit sie ja nicht unbemerkt bleiben. Die einen sind giftig, die andern köstlich süss, wieder andere sind sauer oder schmecken bitter. Man sollte all die farbigen Kügelchen, die vom Waldboden oder am Spazierweg dem Wanderer entgegenleuchten, mit Rang und Namen kennen, vor allem jene, die für den Menschen einen grossen Gesundheitswert haben. Die meisten Wildbeeren sind reich an Vitaminen, Mineralsalzen, organischen Säuren und aromatischen Essenzen, die bei Einnahme den Organismus erfrischen, regenerieren und stärken. Die phantasiereiche Kräuterküche hat dazu die köstlichsten Rezepte erfunden. Weine, Sirup, Likör, Konfitüren, Gelees, Schnäpse aus und mit Kräutern haben die Kraft und die Wirkung, den Menschen auf den langen Winter vorzubereiten. Gleich wie die Vogelwelt das ganze Wildbeerenangebot kennt und nutzt, können auch wir den ganzen Beerenzauber in unserer Küche verwerten.

Der Winter stellt für den Kräuterliebhaber eine passive Zeit dar. Aber der Schnee ist für das ganze Gedeihen in der Natur von Bedeutung. Die Schneedecke schenkt der Erde und den in ihr ruhenden Samenkörnern die lebensnotwendige Wärme und Feuchtigkeit und beschützt sie zugleich vor den kalten Winden, vor trockener Kälte. Ein Winter ohne Schnee müsste der gesamten Pflanzenwelt sehr gefährlich werden. Der Heilpflanzenfreund ist deshalb nicht betrübt und traurig, wenn eine Schneedecke die Erde einhüllt. Sie ist für ihn Vorbereitung und Verheissung für ein neues Kräuterjahr. Jeder Kräuterliebhaber besitzt die notwendige Geduld und lässt der Natur die erforderliche Ruhe, um sich erneut aufbauen und entwickeln zu können. Während dieser Zeit bringt er Ordnung in seine Kräuterkammer, beschriftet die Kräuterdosen und geniesst ab und zu den ganzen Blütenzauber des vergangenen Jahres mit einem Tee oder Bad.

Pioniere der Heilpflanzenkunde

Es ist erstaunlich, dass die ersten schriftlichen Zeugnisse der Heilpflanzenkunde relativ spät entstanden. Erst 3700 v. Chr. verfasste der chinesische Kaiser Shin-nong als erster ein Heilpflanzenbuch, das einen Markstein der Phytotherapie (Pflanzenheilkunde) darstellt. Bilder von Heilpflanzen wurden aber auch an den Wänden der Grabkammern ägyptischer Pharaonen gefunden. Kräuter finden Erwähnung im Alten Testament bei Moses, der 1400 Jahre vor Christus lebte, und bei König David, der die natürlichen Gesundheitsspender in seinen Lobliedern und Psalmen besang. Aus der griechischen Antike sind uns verschiedene Kenner der Kräuterheilkunde vertraut, so der thessalische Centaur Cheiron, der die Wunde des Achilleus mit Schafgarben (Achillea millefolium) heilte, und Pythagoras von Samos, der um 550 v. Chr. über die Heilpflanzen lehrte. Unter all den griechischen Heilkünstlern ragt ein Mann hervor, den man den Grossen, den Göttlichen nannte: Hippokrates der Zweite. Seine Schriften mit 200 Heilpflanzenbeschreibungen stellen einen Querschnitt durch die griechische Medizin des 4. und 5. Jahrhunderts v. Chr. dar. Auch Aristoteles, der Vorsteher der höheren Schule von Athen, sprach ca. 350 v. Chr. über die Kräuter Griechenlands. Sein Schüler Theophrastus von Eresos, Philosoph und Naturforscher, wurde zum Begründer der wissenschaftlichen Botanik. Wie die Griechen hatten auch die Römer während Jahrhunderten ihre Lehrer der Kräuterheilkunde. Von 234—149 v. Chr. lebte der römische Staatsmann und Botaniker Marcus Porcius Cato, der die Wirkung verschiedener Pflanzen bekannt machte, insbesondere die Heilkraft des Kohlblatts. Plinius Secundus, der beim Vesuvausbruch im Jahre 79 n. Chr. ums Leben kam, verfasste eine umfangreiche Naturgeschichte. In den Werken 21—27 der «Historia naturalis» beschrieb er die römischen Heilpflanzen. Ein weiterer römischer Kräuterkenner war Galenus, der im Jahre 129 n. Chr. auf Pergamos geboren wurde. Er war Leibarzt des römischen Kaisers Marcus Aurelius und befasste sich hauptsächlich mit der Arzneimittelherstellung, der pharmazeutischen Zubereitung von Tinkturen, Salben, Tabletten, Pillen und Mixturen. Galenus gilt heute noch als Begründer der Arzneikunde (Galenik).

Im 8. Jahrhundert n. Chr. erhielten die Heilpflanzen neuen Aufschwung durch eine Anordnung Karls des Grossen (742—814) in «Capitulare de villis», in Schloss- und Kloster-gärten Kräuter anzupflanzen. Diese Bestimmung befolgten vorab die Benediktinermönche. Ein genauer Anbauplan für einen Kräutergarten (Herbularius) ist uns von Abt Gozbert (um 820) aus dem Kloster St. Gallen bekannt. Verschiedene südliche Heilpflanzen wie Salbei, Thymian, Rosmarin und andere wurden über die Alpen gebracht und in den Gärten kultiviert.

Später befassten sich Hildegard von Bingen (1098—1179) mit ihrem Werk «Physica» und Albertus Magnus (1193—1280) als Doctor universalis sowie Arnold de Vilanova (1238—1311) mit der Verbreitung der Heilpflanzenkunde.

Gutenbergs Erfindung der Buchdruckerkunst gewann der Pflanzenheilkunde weitere Volkskreise. Es erschienen verschiedene Prachtausgaben von Heilpflanzenbüchern mit Holzschnitten der damals gebräuchlichen Kräuter. Die Autoren wurden als «Väter der Botanik» bezeichnet: Otto von Brunfels (1489—1543), Arzt in Bern, Hieronymus Bock (1498—1554), Pfarrer in Hornbach und Leonhart Fuchs (1501—1566), Professor in Tübingen, Petrus Andreas Matthioli (1501—1577) aus Siena, Rembertus Dodonaeus (1517—1585), Arzt und Pflanzenforscher in Mecheln, Jacobus Theodoris Tabernaemontanus (1520—1590), Schüler von Bock, und Theophrastus Bombastus von Hohenheim (1493—1541), Paracelsus genannt, in Einsiedeln geboren und in Salzburg gestorben. Von ihm stammt das Zitat «Alle Berge, Hügel und Täler, das sind eure Apotheken!» Paracelsus gilt als Reformator der damaligen Medizin. Seine Erfolge verliehen auch der Heilpflanzenkunde neue Impulse, behauptete er doch: «In der Natur ist die ganze Welt eine Apotheke und nicht mehr als mit einem Dach bedeckt. Nur einer führt den Mörser, soweit die ganze Welt reicht.»

Der Arzt Christian Friedrich Samuel Hahnemann (1755—1843) begründete das homöopathische Heilsystem mit dem Lehrsatz «Similia similibus curantur» (Ähnliches mit Ähnlichem geheilt). «Man ahme die Natur nach», sagte er, «und wende in der zu heilenden Krankheit dasjenige Arzneimittel an, welches eine andere, möglichst ähnliche, künstliche Krankheit zu erregen imstande ist, und jene wird geheilt werden.»

Pythagoras von Samos
um 570 – um 496 v. Chr.

Hippokrates
460–375 v.Chr.

Aristoteles
384–322 v.Chr.

Theophrastus von Eresos
372–287 v.Chr.

Paracelsus
1493–1541

Leonhart Fuchs
1501–1566

Samuel Hahnemann
1755–1843

Sebastian Kneipp
1821–1897

Karl der Grosse
742–814

Albertus Magnus
1193–1280

Johann Künzle
1857–1945

Im 19. Jahrhundert gelang es Pfarrer Sebastian Kneipp (1821–1897), dem Wasserdoktor mit Gummischlauch und Giesskanne, verschiedene verschollene und vergessene Heilpflanzen wieder neu bekannt zu machen und als Volksheilmittel zu empfehlen. Seine Ratschläge wurden unterstützt vom populärsten Vertreter der Volksheilkunde, Kräuterpfarrer Johann Künzle aus Zizers (1857–1945), der es mit bildhafter Sprache verstand, den Heilschatz der Natur in weite Volksschichten hineinzutragen. Seit Pfarrer Künzle ist die Kräuterheilkunde nicht etwa steckengeblieben, sie hat sich im Gegenteil weiterentwickelt. Heute werden die biochemischen Wirkstoffe der Pflanzen an Universitäten und speziellen Instituten untersucht und erforscht. Verschiedene Wissenschafter im In- und Ausland haben es sich zur Lebensaufgabe gemacht, das Heilangebot der Natur zu erforschen.

Die Pflanzenheilkunde erhebt heute als Teil der Heilkunde, wie jedes andere Verfahren, wissenschaftlichen Anspruch. Die Phytotherapie hat sich aufgefächert in die medizinische, therapeutische Heilpflanzenkunde, die von Medizinern, Apothekern, Drogisten und Heilpraktikern angewandt wird, und in die Kräuter-Volksheilkunde, die Anwendung von Heilpflanzen durch Laien. Beide Gruppen profitieren voneinander: Die Wissenschaft untersucht die Heilpflanzen, die Volksheilkunde gibt durch Erfahrung immer wieder neue Anregungen. So stützen sich die verschiedensten Publikationen über Heilpflanzen einerseits auf Erfahrungen, anderseits auf wissenschaftliche Untersuchungen.

Heute, in einer Zeit, da der Mensch immer mehr von der Technik beherrscht wird, ist es besonders wichtig, dass er sich wieder in den Kreislauf der Natur einfügt, um wichtige Impulse für seine Gesundheit zu erhalten. Er kann dies tun, indem er die reine, zauberhafte, unverdorbene Natur aufsucht und sich ihr Angebot für sein Wohlbefinden nutzbar macht. Mensch und Pflanze bilden eine Lebensgemeinschaft, die schwer oder gar nicht zu trennen ist.

Was sind Heilpflanzen?

Pflanzen sind natürliche biochemische Industriebetriebe. Sie produzieren Wirkstoffe wie ätherische Öle, Bitterstoffe, Flavone, Gerbstoffe, Glycoside, Mineralstoffe, organische Säuren, Saponine, Schleimstoffe usw. und bieten sie dem Menschen für seine Gesundheit an. Die Heilpflanze braucht dazu weder Elektrizität noch Treibstoff, nur ein bisschen Regen, Sonne und Erdraum. In der Blüte, in der Wurzel oder im ganzen Kraut reichert sie ihre Wirkstoffe an.

Eduard Strauss schreibt: «Heilkräuter sind Pflanzen, in denen durch die Elemente und Kräfte der Natur besondere Stoffe erzeugt worden sind, welche zum Teil in die Funktionen des menschlichen Organismus belebend und fördernd eingreifen, zum Teil krankhafte Störungen dieser Funktionen heilwirkend beeinflussen.»

Der Schlüssel zur Kräuterheilkunde liegt in der bunten Mannigfaltigkeit der Pflanzeninhaltsstoffe und ihrer differenzierten Wirkung auf den Organismus. Die Wirkstoffe der Heilkräuter müssen sorgsam untersucht und auf das Verhalten des Menschen abgestimmt werden. Es gibt Mite-Phytotherapeutica und Forte-Phytotherapeutica, mittel- und stark wirksame Heilpflanzen. Je nach Art der Krankheit ist der Arzt für die richtige Dosierung zuständig und hat den Heilungsprozess zu überwachen.

Bei leichten allgemeinen Erkrankungen wie Husten, Katarrh, Verstopfung usw. dürfen Kräuterkuren mit Mite-Phytotherapeutica durchgeführt werden. In der Rezeptur ist darauf zu achten, dass die Wirkstoffe der Pflanzen sich miteinander vertragen, d.h. sich nicht chemisch weiterverbinden. Ferner muss die botanische Verträglichkeit der verschiedenen Pflanzen berücksichtigt werden. Es gibt Pflanzen, die sich meiden, und andere, die sich ergänzen. Wichtig ist, dass einer Tee- oder anderen Rezeptur keine Heilpflanzen beigegeben werden, die sich nicht vertragen. Das ist weit weniger kompliziert als es klingt. Man braucht nur abzuklären, ob die in einer Rezeptur verwendeten verschiedenen Kräuter in der Natur an einer Stelle miteinander leben und gedeihen können. Wenn das nicht der Fall ist, so muss jenes Kraut ausgeschlossen werden, welches die botanische Harmonie stört. Bei Einhaltung dieser biochemischen und botanischen Regeln sind die Rezepturen viel wirksamer und verträglicher.

Jede Rezeptur wird unter ganz bestimmten Gesichtspunkten aufgestellt. Man verbindet nach Dr. med. E. F. Weiss ein Grund- oder Basismittel (Remedium cardinale) mit einem Unterstützungs-, Ergänzungs- und Verstärkungsmittel (Adjuvans). Hinzu kommt vielfach eine Pflanze, die den Geschmack und die Verträglichkeit verbessern soll (Korrigens), und schliesslich bei Teemischungen ein Konstituens, das dem Tee ein gefälligeres Aussehen verleiht, wie etwa die gelben Königskerzenblüten, die blauen Kornblumen, die roten Goldmelissenblüten oder die orangefarbenen Ringelblumen.

Das Sammeln von Kräutern

1. Heilkräuter werden schonend und mit Sorgfalt behandelt. Grashalme, Blätter, Erde und Steine sind zu entfernen.

2. Die Pflanzenarten sind streng getrennt zu halten.

3. Vor jedem Pflücken überprüfen wir das Kraut nach Standort, Blütezeit, Farbe und Gestalt mit der mitgeführten Literatur. Nur was wir genau kennen, wird in den Korb gelegt.

4. Wir sammeln nur gesunde Pflanzenteile. Von Schimmel, Fäulnis, Ungeziefer und Schnecken befallene Heilkräuter meiden wir.

5. Mit Ausnahme von Wurzeln wird das Sammelgut nicht gewaschen. Wildgemüse wie Bärlauch, Brunnenkresse usw. sammeln wir, solange die Pflanzen jung und zart sind.

6. Für alle Heilkräuter erstreckt sich das Sammelgebiet nur auf ungedüngte Böden. Weg- und Strassenränder eignen sich nicht. Einsame Gebiete sind zu bevorzugen.

7. *Wir schonen die Natur!* Es ist naturwidrig, Pflanzen zu pflücken, welche nur selten oder vereinzelt vorkommen.

8. Das Wetter darf beim Sammeln nicht zu trocken und nicht zu feucht sein. Man sammle nur bei schönem Wetter mit blauem Himmel.

9. Nach längerer Regenperiode warte man einige Sonnentage ab, ehe Kräuter gesammelt werden. Morgen- und Abendtau sind zu meiden.

10. Heilpflanzen sollten niemals in den Tagen des Vollmondes gesammelt werden. Das Mondlicht nimmt der Pflanze jegliche Kraft. Heilpflanzen brauchen viel Sonne, aber wenig Nachtlicht. Es ist ratsam, nur an Tagen auf Kräutersuche zu gehen, wenn nachts die Mondsichel noch klein ist. Die Säfte steigen mit zunehmendem Mond auf, bei abnehmendem Mond ab. Wurzeln sind also bei abnehmendem Mond auszugraben. Alle übrigen Pflanzenteile werden gepflückt, sobald die Mondsichel sich vergrössert.

Das Trocknen und die Lagerung von Heilpflanzen

1. Sofort nach dem Sammeln werden die Heilkräuter an frischer Luft im Schatten oder bei künstlicher Wärme von 35°C getrocknet. Das Sammelgut darf nicht tagelang im Korb liegen bleiben. Der Wasserentzug bei der Arzneipflanzentrocknung legt die fermentativen Vorgänge still. Pilzen und Bakterien wird ihre Entwicklungsgrundlage entzogen. Die Bakterien benötigen einen Wassergehalt von 40 bis 50% und der Schimmelpilz einen Nährboden von 15 bis 20% Feuchtigkeit. Die Pflanzen dürfen auch nicht zu trocken werden und ihren gesamten Wassergehalt verlieren. Der Feuchtigkeitsgehalt gut getrockneter Kräuter liegt bei etwa 10%.

2. Die frisch gesäuberten Pflanzen werden auf einem Leintuch oder in einem Kunststoffsieb mit Holzrahmen in dünner Schicht zum Trocknen ausgelegt.

3. Man kann die Kräutersträusse auch in Büschen auf dem Estrich aufhängen.

4. Der Trocknungsraum und das Trocknungsgut sollten nicht von der Sonne beschienen werden, doch wähle man einen Ort mit guter Luftzirkulation.

5. Ungeziefer sind vom Trocknungsgut fernzuhalten.

6. In feuchten Nächten sind die Fenster zu schliessen.

7. Stark duftende Pflanzen (wie Liebstöckel, Wermut, Salbei usw.) werden von den übrigen getrennt.

8. Wurzeln und Rinden dürfen an der Sonne oder bei künstlicher Wärme von 35°C getrocknet werden.

9. Während des Trocknungsvorgangs sollen die Kräuter nicht angefasst werden. Getrocknetes Gut darf auch nicht mit frischem vermischt werden.

10. Kräuter, die ätherische Öle enthalten, sind bei weniger als 30°C zu trocknen, da sich sonst der Wirkstoff verflüchtigt.

11. Nach der Trocknung der Heilkräuter wird das Sammelgut in Gläser oder Dosen abgefüllt (nicht stopfen) und in einem trockenen, temperierten, staubfreien Raum verschlossen gelagert. Büchsen sind weniger geeignet, da Heilpflanzen Metall schlecht ertragen.

12. Die Gebinde müssen mit dem deutschen und eventuell auch mit dem botanischen Namen sowie mit dem Datum der Erntezeit beschriftet sein. Die Heilkräuter sind jährlich zu erneuern. Was übrig bleibt, kann als Heublumenbadeersatz verwendet werden. Der Kräutervorrat wird an einem lichtgeschützten, trockenen Ort aufbewahrt, also nicht in der Küche oder im Badezimmer.

Anwendungsformen

Eine der ältesten Arzneiformen in der Volksmedizin ist der Tee. Je nach Beschaffenheit und Inhaltsstoffen der Kräuter muss der Tee verschiedenartig zubereitet werden.

Der Tee hat drei Zubereitungsformen
Kräuter mit sehr empfindlichen Wirkstoffen, wie etwa die Mistel (Viscum album), müssen sehr sorgfältig behandelt werden. In diesem Falle wählt man den Kaltauszug. Andere Teepflanzen, die einen hohen Anteil an ätherischen Ölen aufweisen, werden aufgegossen. Wurzeln und Rinden ohne ätherischen Ölgehalt werden abgekocht.

Der Kaltwasserauszug oder Rohkosttee
Ein Teelöffel getrockneter Kräuter wird in einer Tasse mit kaltem Wasser angesetzt und zwölf Stunden, meist über Nacht, stehen gelassen. Anschliessend wird der Tee auf Trinkwärme temperiert, abfiltriert, mit Honig gesüsst und schluckweise, zwei- bis dreimal täglich eine halbe Stunde nach dem Essen, getrunken.

Der Aufguss — die gebräuchlichste Teezubereitung
Ein Teelöffel getrockneter Kräuter wird in einer Tasse mit kochend heissem Wasser überschüttet, während drei bis fünf Minuten ziehen gelassen und anschliessend abfiltriert. Nach dem Süssen mit Honig wird der Tee schluckweise, zwei- bis dreimal täglich eine halbe Stunde nach den Mahlzeiten, getrunken.

Die Abkochung bei schwer ausziehbaren Wurzeln, Rinden und Hölzern
Ein Teelöffel getrockneter Kräuter wird in einer Emailpfanne (kein Metall!) mit etwa einem Deziliter Wasser zwei bis drei Minuten bei leichtem Feuer gekocht, anschliessend wird der Tee abfiltriert, mit Honig gesüsst und schluckweise, zwei- bis dreimal täglich eine halbe Stunde nach den Mahlzeiten, getrunken.

Allgemeine Gebrauchsanweisung für alle Teesorten
Zwei- bis dreimal täglich eine Teetasse eine halbe Stunde nach dem Essen (Kinder die Hälfte). Man trinke den Tee nicht vor dem Essen, da er die Magensäfte verdünnt und die Verdauung stören könnte. Die Beigabe von Zucker zum Tee ist wenig sinnvoll; es ist viel besser, zum Süssen Honig zu verwenden. Eine Teekur dauert etwa vier bis acht Wochen.

Nach dieser Zeit ist eine Pause einzuschalten. Es können sowohl einzelne Teekräuter als auch Teemischungen verwendet werden.

Rezepte für Teemischungen

Nieren-Blasentee

Goldrutenkraut	20 g
Schachtelhalmkraut	20 g
Brennesselblätter	20 g
Quendelkraut	20 g
Kamillenblüten	20 g

Rheumatee

Wiesengeissbartblüten	20 g
Brennesselblätter	20 g
Löwenzahnwurzeln	20 g
Hauhechelwurzeln	20 g
Pfefferminzblätter	20 g

Durchfalltee

Tormentillwurzeln	40 g
Storchenschnabelkraut	20 g
Rosskastanienblüten	20 g
Kamillenblüten	20 g

Schlaftee

Baldrianwurzeln	30 g
Zitronenmelissenblätter	25 g
Goldmelissenblüten	5 g
Schlüsselblumenblüten	20 g
Frauenmantelkraut	20 g

Husten-Brusttee

Königskerzenblüten	10 g
Schlüsselblumenblüten	20 g
Pestwurzwurzeln	20 g
Quendelkraut	10 g
Spitzwegerichblätter	20 g
Huflattichblüten	20 g

Verstopfungstee

Faulbaumrinde	30 g
Wegwartenwurzeln	20 g
Pfefferminzblätter	20 g
Kamillenblüten	20 g
Ringelblumenblüten	10 g

Nerventee

Johanniskraut	20 g
Kamillenblüten	20 g
Lavendelblüten	20 g
Schlüsselblumenblüten	20 g
Rosmarinblätter	20 g

Magentee

Kamillenblüten	20 g
Wermutkraut	10 g
Tausendguldenkraut	20 g
Salbeiblätter	10 g
Eibischwurzeln	30 g

Leber-Gallentee

Löwenzahnwurzeln	20 g
Ringelblumenblüten	20 g
Pfefferminzblätter	20 g
Wegwartenwurzeln	20 g
Brennesselblätter	20 g

Blutreinigungstee

Brennesselblätter	20 g
Löwenzahnwurzeln	20 g
Schafgarbenblüten	20 g
Ringelblumenblüten	10 g
Holunderblüten	20 g

Harntreibender Tee		Frauentee	
Liebstöckelwurzeln	20 g	Frauenmantelblätter	20 g
Hauhechelwurzeln	20 g	Silbermänteliblätter	20 g
Birkenblätter	20 g	Taubnesselblätter	20 g
Goldrutenkraut	20 g	Kamilleblüten	20 g
Holunderblüten	20 g	Schafgarbenblüten	20 g

Herztee		Familien-Frühstücks-Genusstee	
Weissdornbeeren	30 g	Schlüsselblumenblüten	20 g
Arnikablüten	5 g	Melissenblätter	20 g
Melissenblätter	25 g	Goldmelissenblüten	5 g
Rosmarinblätter	20 g	Pfefferminzblätter	20 g
Johanniskraut	20 g	Ringelblumen	10 g

Kräuterkuren in Tropfenform

Zur Herstellung von Kräutertinkturen können frische oder getrocknete Kräuter verwendet, in Branntwein ausgezogen und dem Organismus tropfenweise zugeführt werden.

Herstellung einer Tinktur
Frische oder getrocknete Pflanzenteile (am besten frische Kräuter, ausser bei Faulbaumrinde und Baldrianwurzeln) werden in einem Glasgefäss mit Branntwein oder 70 prozentigem Alkohol überdeckt und acht bis vierzehn Tage verschlossen an die Sonne gestellt. Anschliessend wird abgepresst und filtriert und bei Bedarf tropfenweise eingenommen.

Gebrauchsanweisung
15 bis 25 Tropfen der Tinktur (Kinder die Hälfte) werden mit wenig Wasser zwei- bis dreimal täglich unmittelbar vor den Mahlzeiten eingenommen. Auf der Reise und am Arbeitsplatz, wenn kein Tee aufgekocht werden kann, ist die Tinktur als pflanzliches Arzneimittel bestens geeignet.

Kräutersirup

Die sirupartige Arzneiform ist vor allem für Kinder und für Leute mit sensibler Zunge gedacht, damit die oft bitter oder balsamisch schmeckenden Pflanzenauszüge leichter eingenommen werden können.

Herstellung eines Kräutersirups
Eine bis zwei Handvoll frische oder getrocknete Kräuter werden mit einem Liter Wasser kurz aufgekocht, etwa zehn Minuten ziehen gelassen und anschliessend abfiltriert. Nachher gibt man dem Filtrat ein Pfund Honig oder Zucker bei, löst auf und füllt noch warm in Flaschen ab.

Gebrauchsanweisung
Ein Esslöffel (Kinder ein Teelöffel) Sirup wird in einem Glas mit wenig Wasser verdünnt und zwei- bis dreimal täglich eine halbe Stunde nach den Mahlzeiten eingenommen.

Ausgepresster Pflanzensaft

Der Pressaft ist eine pflanzliche Arzneiform, bei der frisch ausgepresste Kräuterteile dosiert eingenommen werden (Brennessel-, Bärlauch-, Löwenzahn-, Melissen-, Wacholder- oder Schachtelhalmsaft). Frische Kräutersäfte sind reich an Vitaminen und Mineralsalzen, jedoch nur sehr beschränkt haltbar. Also: jedesmal neu herstellen!

Gebrauchsanweisung
Zwei- bis dreimal täglich ein Teelöffel Pressaft (Kinder die Hälfte) in etwas Wasser unmittelbar vor dem Essen einnehmen.

Kräuterwein und Kräuterlikör

Pflanzliche Stärkungsmittel werden oft als Kräuterweine angeboten. Zu ihrer Herstellung nimmt man eine Handvoll frische oder getrocknete Kräuter und legt diese während einer Woche in Malaga oder weissen Süsswein (es kann auch weisser Schweizerwein verwendet werden) ein und presst nach dieser Zeit ab. Der Wein wird filtriert und sofort in Flaschen abgefüllt.

Gebrauchsanweisung
Ein- bis zweimal täglich ein Esslöffel Kräuterwein oder Kräuterlikör, eine halbe Stunde nach dem Essen, einzunehmen. Nur für Erwachsene geeignet! Für die Herstellung von Kräuterlikör hat man die Rezepte der Kräutermönche übernommen. Etwa eine Handvoll frische oder getrocknete Kräuter wird in Branntwein oder 50prozentigem Alkohol (Trinkspiritus) während einer Woche

in einem Glasgefäss an die Sonne gestellt und nach dieser Zeit abgepresst. Anschliessend gibt man pro Liter ein Pfund Honig oder Zucker bei, löst auf, filtriert und füllt in Flaschen ab.

Kräuterschnaps

Die Rezepte für Kräuterschnäpse stammen aus ländlichen Gegenden. Man nimmt eine Handvoll Kräuter und fügt diese zu einem Liter Branntwein in ein Glasgefäss für eine Woche ein und filtriert nach dieser Zeit ab.

Gebrauchsanweisung
Ein- bis zweimal täglich ein Esslöffel, eine halbe Stunde nach dem Essen einzunehmen. Nur für Erwachsene geeignet!

Kräuterpulver

Die getrockneten Pflanzenteile werden von Hand in einem Mörser oder mit einer Maschine zu Pulver verrieben.

Gebrauchsanweisung
Zwei- bis dreimal täglich eine Messerspitze voll Pulver unmittelbar vor dem Essen mit wenig Wasser einnehmen.

Kräuterauflagen und Kräutersäcke

Die frischen Pflanzenteile, Blätter oder zerquetschte Wurzeln werden gesäubert, schichtweise auf die Haut gelegt und nach etwa einer halben Stunde ersetzt. Man kann die Auflage, mit einer Kompresse befestigt, auch über Nacht einwirken lassen, ohne sie zu erneuern.

Wenn wir für eine äusserliche Auflage keine frischen Kräuter (Heublumen, Kamillen usw.) zur Verfügung haben, können getrocknete Pflanzen in ein Säckchen eingenäht und kurz in heisses Wasser eingetaucht werden. Anschliessend wird es auf die Haut gelegt und mit einem Frottiertuch befestigt. Während einer halben Stunde einwirken lassen.

Kräuterbäder

Die Erfahrung zeigt, dass wir uns in einem duftenden Kräuterbad sehr wohl fühlen. Dieses Bad belebt unsere Haut mit köstlichen Naturstoffen, massiert und reinigt sie. Man nimmt eine Handvoll der geeigneten Kräuter, kocht sie kurz in einem Liter Wasser auf, lässt sie zehn Minuten ziehen und filtriert ab. Anschliessend wird der Absud dem Badewasser (Voll- oder Teilbad) beigegeben, in dem man etwa zwanzig Minuten badet. Kräuterbäder haben die verschiedenartigsten Wirkungen: Rosmarin stärkt, Lavendel erfrischt, Lindenblüten beruhigen, Kamille reinigt und desodoriert, Weissdorn belebt den Kreislauf, Thymian stärkt die Nerven. Kalte Bäder regen an, warme ermüden. Je nach erwünschter Wirkung wird man sie morgens oder abends anwenden.

Kräutersalben

«Schmieren und salben hilft allenthalben», sagt ein altes Sprichwort. Die Bestätigung bringt die therapeutische Anwendung. Pflanzenwirkstoffe, die in einer leicht verteilbaren Masse enthalten sind, lassen sich in dieser Form dauerhaft auf die äusseren Organe auftragen und wirken besonders bei Verletzungen, Quetschungen usw.

Früher wurde als Salbengrundlage Schweineschmalz bevorzugt. Später wurde der Schmalz durch salzlose Butter ersetzt, heute verwendet man Vaseline aus der Drogerie oder Apotheke. 200 Gramm Butter, Schmalz oder Vaseline werden leicht erwärmt geschmolzen. Anschliessend gibt man eine Handvoll frische oder getrocknete Kräuterteile hinzu, lässt im geschmolzenen Zustand etwa eine halbe Stunde stehen und filtert durch ein Tuch ab. Dann wird noch warm in Glasgefässe abgefüllt. Die erkaltete Salbe soll ein- bis zweimal täglich auf die Hautstellen aufgetragen und leicht einmassiert werden.

Umschläge

Eine Handvoll Kräuter wird mit einem Liter Wasser kurz aufgekocht und abfiltriert. Anschliessend taucht man ein zusammengefaltetes Leinentüchlein in die Lösung ein, lässt es gut abtropfen und legt es auf die Haut. Nachher wird mit einem Frottiertuch abgedeckt und umbunden. Den Umschlag lässt man zweimal täglich etwa eine halbe Stunde einwirken. Es dürfen nur sterile Tüchlein und Gazestreifen (Kompressen) verwendet werden.

Kräuteröle

Eine Handvoll frische oder getrocknete Kräuter wird in einem Glasgefäss mit einem Liter Olivenöl zwei bis drei Wochen an die Sonne gestellt; anschliessend wird abfiltriert und in Flaschen abgefüllt. Bei Bedarf wird das Öl ein- bis zweimal täglich in die Haut einmassiert.

Gesichtsdampfbäder

Je nach Wahl der Naturkosmetikkräuter wird die Gesichtshaut mit einem Dampfbad gereinigt, desinfiziert, gekräftigt, gestrafft, geglättet oder erfrischt. Etwa drei bis vier Esslöffel Kräuter werden in einer Emailpfanne mit einem Liter Wasser aufgekocht. Anschliessend nimmt man den Topf vom Feuer und hält das Gesicht etwa zehn Minuten in den Kräuterdampf. Gesicht und Topf müssen mit einem Frottiertuch zeltartig zugedeckt werden. Das Fenster ist während der Anwendung zu schliessen, und nach dem Dampfbad darf man eine halbe Stunde nicht ins Freie gehen, damit man sich nicht erkältet, Anwendung täglich oder alle zwei Tage.

Kräuterkompressen

Wenn keine Möglichkeit für ein Gesichtsdampfbad besteht, kann als Ersatz eine Kompresse angewandt werden. Ein bis zwei Esslöffel Kräuter werden in einem halben Liter Wasser aufgekocht und abgesiebt. Anschliessend wird in das Filtrat ein Wattebausch eingetaucht, welchen man abtropfen lässt und auf das Gesicht legt, bis die Kompresse erkaltet ist. Das Gesicht wird während der Kompresse mit einem Frottiertuch umbunden. Anwendung bei geschlossenem Fenster durchführen und nachher eine halbe Stunde nicht ins Freie gehen.

Huflattich

(Tussilago farfara L.)

Wer dem Frühling entgegenwandern will, wird zuallererst mit dem Huflattich Bekanntschaft schliessen. Als erster Frühjahrsblütler belebt diese Pflanze mit ihrem leuchtenden Blütengelb Wegränder und Felder. Sie zaubert den ersten farbigen Fleck in die noch graue, schlafende Erde.

Nomenklatur
Tussilago lat. tussis = Husten, agere = vertreiben (Hustenmittel), farfara lat. far = Mehl, fero = ich trage (mehlartiger Haarüberzug der Blätter), Huflattich = hufförmige Gestalt der Blätter.

Volksnamen
Zytröseli, Märzblume, Teeblüemli, Hitzeblätter, Sandblume, Doktoreblüemli, St. Quirinskraut, Rosshuf, Lehmblümel, Tabakkraut, Schnäggeblagge.

Botanik
Mehrjähriges Korbblütengewächs (Composita), ca. 20 cm hoch.

Wurzel
Bleistiftdicker Wurzelstock mit Ausläufern.

Blatt
Flache, gebuchtete, hufförmige, ungleich gezähnte Blätter; Oberfläche glatt dunkelgrün, unterseitig graufilzig. (Verwechslung mit Pestwurz möglich, die oberseitig weniger glatt und unterseits weniger behaart ist!)

Blüte
Erscheint vor der Blätterbildung; die Blütenköpfchen, ca. 1½ cm gross, führen sehr viele goldgelbe Strahlenblüten.

Blütezeit
März bis April.

Standort
An feuchten, lehmigen und sandigen Stellen am Bach, an Eisenbahndämmen, Ackerwegen, im Geröll, in Schutthalden und Steinbrüchen bis auf 2000 m Höhe.

Sammelzeit
Blüten: März bis April.
Blätter: Mai bis Juni.

Verwendeter Teil
Blüten und Blätter.

Wirkstoffe
Ätherisches Öl, Schleim, Bitter- und Gerbstoff, Gallussäure, Glycosid, Inulin, Salpeter, Zink und Kieselsäure.

Wirkung
Schleimlösend, reizmildernd, entzündungswidrig, blutreinigend.

Anwendung: *Tee* als Aufguss der Blüten (siehe Seite 11) bei Erkrankungen der Atmungswege, Husten, Verschleimung, Heiserkeit, Katarrh. *Pressaft* der Blätter (siehe Seite 12) mit Honig vermischt als Frühjahrskur und zur Blutreinigung. *Tinktur* der Blüten (siehe Seite 12) bei Krankheiten der Atmungsorgane. *Sirup* der Blüten (siehe Seite 12) als Hustenmittel bei Kindern. *Auflage* der frischen Blätter

Bärlauch

(Allium ursinum L.)

bei Insektenstichen. *Wildkräuterküche:* Rohkostminestra: Wir dämpfen reichlich gehackte Zwiebeln, geben einen Esslöffel Mehl bei, rühren gründlich durch und löschen das Ganze mit einem Liter Wasser ab, dem wir vorher ein Lorbeerblatt und etwas Suppengewürz beigegeben haben. Die Zwiebelsuppe wird dann zehn Minuten gekocht, hierauf in eine Schüssel gegeben, in die wir rohes, feingehacktes Gemüse mit jungen, sauber gewaschenen, zerschnittenen Trieben von Huflattichblüten samt Stengel, evtl. auch Löwenzahnblätter, Gundelreben, Bärlauch, Brunnenkresse, Massliebchen und Schlüsselblumenblätter gelegt haben. *Tabakersatz*: In Notzeiten waren die Blätter und Blüten des Huflattichs als Tabakersatz sehr geschätzt. Wir können sie auch zu gleichen Teilen mit Tabak vermischen und mit etwas Pfefferminze in die Pfeife geben. *Kosmetik:* Die Wirkstoffe des Huflattichs wirken gegen Hautkrankheiten, Entzündungen und geplatzte Äderchen im Gesicht. In diesem Fall macht man eine warme Gesichtskompresse (siehe Seite 15).

Der Bärlauch ist die erste Nahrung des wild lebenden Bären im Frühjahr. Wenn diese Tiere in den ersten Frühlingstagen wie betrunken umherirren, weil sie im vereisten Waldboden keine Nahrung finden, stärkt sie der Bärlauch, sobald er mit den zarten Blättern den Boden durchdringt und sich mit seinem Knoblauchgeruch als kräftigendes Tonikum ankündigt.

Nomenklatur
Allium lat. olere = riechen (Knoblauchduft), ursini lat. ursus = der Bär. Bärlauch = Lauch der Bären.

Volksnamen
Rämschele, Waldknoblauch, Zigeunerlauch, Bärenkraut, Wurmlauch.

Botanik
Mehrjähriges Liliengewächs (Liliacea), ca. 20 cm hoch

Wurzel
Längliche Zwiebel mit weissen, durchsichtigen Häuten.

Blatt
Grundständige Blätter von flacher, lanzettlicher Form.

Blüte
Ende April, anfangs Mai spriesst aus der Wurzelknolle, nach den Blättern, ein kantiges Stengelröhrchen hervor, das eine hübsche, sternenförmige Blütenquaste trägt. Die ganze Pflanze riecht stark nach Knoblauch. Doch schon im Juni ist der würzige Duft versprüht, die Pflanze stirbt ab, und Ameisen verschleppen die kleinen schwarzen Samen, damit sich die Pflanze vermehren kann.

Blütezeit
April bis Mai.

Standort
Bärlauch wächst gesellig an schattigen, feuchten Stellen im Gebüsch, in Wäldern; in der Wiese sieht der Bärlauchteppich mit seinen weissen Blüten wie verschneit aus.

Sammelzeit
April bis Mai.

Verwendeter Teil
Blätter evtl. samt Blüten (gedörrt unwirksam).

Wirkstoffe
Schwefelhaltiges ätherisches Öl (Allicin mit antibakteriellen und antiviruellen Eigenschaften, 1 mg entspricht nach amerikanischen Beobachtungen 25 Einheiten Penicillin, Merkaptan, Jod, Schleim, Mineralsalze und Zucker.

Wirkung
Desinfizierend in Magen und Darm, gefässerweiternd und schwach blutdrucksenkend, gallentreibend, blutreinigend.

Anwendung: Beim Trocknen und Lagern der Blätter vermindern sich die Wirkstoffe (nur frisch verwenden). Bärlauch wird als *Tinktur* der Blätter (siehe Seite 12) als Umstimmungsmittel zur Frühjahrskur verwendet sowie als blutdrucksenkendes Mittel, zur Desinfektion von Magen, Darm und Blase und bei Arterienverkalkung. Die jungen Blätter können als Rohgemüse verwendet werden. *Wildkräuterküche:* Bärlauchblätter eignen sich als Zugabe zu Salat, Gemüse, Suppen und als Brotaufstrich. Vielfach werden sie mit Brunnenkresse, Schlüsselblumen, Gundelreben und Huflattichblütentrieben vermischt.

Vorsicht: Die Bärlauchblätter können leicht mit Herbstzeitlosen- oder Maiglöckchenblättern verwechselt werden, die giftig sind. Zur Kontrolle zerreibt man die Blätter zwischen den Fingern. Der ausströmende Knoblauchduft zeigt die Bärlauchblätter an.

Brunnenkresse

(Nasturtium officinale R. Br.)

Eine der ersten Heilpflanzen, die der Kräuterliebhaber im Frühjahr einsammeln kann, ist die Brunnenkresse. Wie die deutsche Bezeichnung kundtut, wächst diese Kressenart am Brunnen, an wässrigen Stellen in Wald und Wiese. Man kann die fleischigen Blätter bis zum Blühen verwenden, nachher sind sie zu stark und könnten die Nieren reizen.

Nomenklatur
Nasturtium lat. nasus = Nase, tortio = Qual (kresseartiger Geruch in der Nase brennend), Brunnenkresse lat. crescere = am Wasser wachsend.

Volksnamen
Wasserkresse, Bachkresse, Wassersenf, weisse Kresse.

Botanik
Mehrjähriges Kreuzblütengewächs (Crucifera), ca. 30 cm hoch.

Wurzel
Kriechende, reich bewurzelte Grundachse mit Ausläufern.

Blatt
Am 30 cm hohen Stengel wachsen gefiederte, glatt dunkelgrüne, fleischige Blätter mit ca. 5 bis 15 Blättchen von elliptischer Form.

Blüte
Die weissen Blüten stehen endständig-traubig und bringen gebogene Schötchen hervor. Die daraus wachsenden, 1 mm grossen, rundlichen Samen werden vielfach durch Wasservögel verbreitet.

Blütezeit
Mai bis August, vereinzelt nochmals im Oktober.

Standort
Die Brunnenkresse wächst überall an Bächen, Brunnen, Quellen und Wassergräben. Oftmals bildet die Pflanze an wässrigen, feuchten Stellen ganze Rasen. Vielfach wird sie im eigenen Wasserbecken gezogen. Brunnenkresse grünt durchs ganze Jahr.

Sammelzeit
April bis Juni, am besten vor der Blüte, aus biologisch gesundem Standort.

Verwendeter Teil
Frische, junge, gewaschene Blätter ohne Blüten und Wurzeln.

Wirkstoffe
Senfölglycosid (Glukonnasturtiin), ätherisches Öl, (Phenylaethylsenföl), Kaliumnitrit, Eisen, Jod, Vitamine C, A und D.

Wirkung
Blutreinigend, blutverbessernd, harntreibend, regt das Drüsensystem an, fördert die Gallensekretion, stärkt die Nierendurchblutung.

Anwendung: Die Pflanze wird nur im frischen Zustand verwendet. *Pressaft* (siehe Seite 12) fünffach mit Wasser verdünnt zu Frühjahrskuren bei Drüsen- und Kropfkrankheiten. *Blutreinigungssirup* für Kinder: 1/3 Presssaft und 2/3 kalter Zuckersirup (1 kg Zucker auf 1/2 l Wasser). Dreimal täglich ein Teelöffel. *Wildkräuterküche:* Der Salat der jungen Brunnenkresseblätter mit Kopfsalat eignet sich bei Wassersucht, Drüsen- und Leberleiden. Für vitamin- und chlorophyllhungrige Menschen ist die Brunnenkresse ein wichtiges Nahrungsmittel im Frühling. *Gründonnerstagsuppe:* Man bereitet zuerst eine heisse Fleischbrühe zu und gibt pro Liter je einen Esslöffel voll zerschnittene Brunnenkresseblätter, Schlüsselblumen, Bärlauch und Gundelrebenblätter hinzu. *Kosmetik:* Eine Auflage mit Brunnenkresseblättern vertreibt Sommersprossen. Bei Haarausfall leistet die Massage mit dem Pressaft ausgezeichnete Dienste.

Vorsicht: Die Brunnenkresse darf nicht täglich eingenommen werden, sondern nur alle zwei Tage. Die Kur darf nicht länger dauern als drei bis vier Wochen, da sonst Nierenreizungen auftreten könnten. Frauen dürfen Brunnenkresse während der Schwangerschaft nicht einnehmen.

Gundelrebe, Gundermann

(Glechoma hederacea,

Wenn in alter Zeit die Kühe keine Milch mehr gaben, so erinnerten sich die Bauern an Albertus Magnus' (1193–1280) Empfehlung. Sie reichten den Vierbeinern fortan die Gundelreben als Futter und leierten dazu den Vers: «Kuh, da geb ich dir die Gundelreben, dass du mir die Milch wollest geben!»

Nomenklatur
Glechoma griech. glechon = Poleiminze, hederaceum lat. = efeuartig, Gundelrebe; althochdeutsch gund = Eiter (eiterziehend).

Volksnamen
Soldatenpetersilie, Stinkender Absatz, Erdefeu, Guck durch den Zaun, Erdkränzlein, Blauhuder.

Botanik
Mehrjähriges Lippenblütergewächs (Labiatae), ca. 20 bis 30 cm hoch.

Wurzel
An den Knoten bewurzelte Grundachse mit zerstreuten Sprossen und Ausläufern.

Blatt
Gegenständig, gestielt, nieren-herzförmig, grob gekerbt, unterseits rotviolett überlaufen.

Blüte
Blauviolett mit bärtiger

Unterlippe, blattachsen-
ständig. Die Samen werden
von Ameisen verschleppt.

Blütezeit
April bis Juni.

Standort
Unter Bäumen, im Gebüsch,
am Wegrand, an Mauern,
meist ganze Rasen
bildend, bis auf 1500 m
Höhe.

Sammelzeit
April bis Juni.

Verwendeter Teil
Kraut.

Wirkstoffe
Ätherisches Öl, Gerbstoff.
Bitterstoff (Glechomin),
organische Säuren, Kiesel-
säure, Kaliumnitrat,
Cholin.

Wirkung
Harntreibend, eiterziehend,
stoffwechselanregend,
entzündungswidrig.

Anwendung: *Tee* als Aufguss des Krautes (siehe
Seite 11) bei Harnverhal-
tung, Blasenleiden, Störungen im lymphatischen Sy-
stem, Asthma, Schleim-
hautentzündung; reinigt die
Lunge. Zu gleichen Heilanzeigen kann man auch die
Tinktur (siehe Seite 12)
des frischen Krautes
verwenden. *Wildkräuter-
küche:* Soldaten ver-
wendeten früher die
Gundelrebe als Gewürz-
mittel; deshalb trägt sie den
Namen «Soldaten-
petersilie». Gundelreben-
blätter können auch dem
Salat, der Suppe und
dem Gemüse beigegeben
werden.

Pestwurz

*(Petasites hybridus L.
G. M. Sch.)*

Falls Sie einmal während
Ihrer einsamen Wanderung
von einem Gewitter
überrascht werden und
keinen Regenschirm in
der Tasche haben, bietet
Ihnen die Natur Schutz an:
mit den grossen, breiten
Pestwurzblättern, die Sie
sich auf den Hut stecken
können.

Nomenklatur
Petasites griech. petasos =
grosser Hut (Form der Blätter), Pestwurz = Wurzel
gegen Pestkrankheiten.

Volksnamen
Hutblacke, Sandblacke,
Kraftwurz, Sonnedächli,
Pestilenzkraut, Neunkraft,
Grosser Huflattich.

Botanik
Mehrjähriges Korbblüten-
gewächs (Composita),
ca. 150 cm hoch.

Wurzel
Kräftiger, dicker Wurzel-
stock mit meterlangen Ausläufern, treibt nach der
Schneeschmelze 30 bis
150 cm hohe Blüten-
stengel.

Blatt
Etwa 60 cm Durchmesser,
breitförmig, nierenherz-
förmig, ähnlich wie Rhabar-
berblatt. Die Blätter erscheinen erst nach der Blüte.
Verwechslung mit Huf-

lattichblättern möglich,
unterseitig grauwollig.

Blüte
Bis 150 cm hoch wachsend,
zweihäusig, Blüten-
körbchen in Trauben an
einem schuppigen, fleischig
saftigen Stengel stehend.

Blütezeit
April bis Mai.

Arten
Petasites albus (officinalis)
mit weissen Blüten,
Petasites hybridus mit
rostrotbraunen Blüten.
Beide Arten werden
medizinisch verwendet.

Standort
Gedeiht mit Vorliebe auf tiefgründigem, nährstoff-
reichem Boden an Ufern
von Bächen und Flüssen
sowie im Wald. Die Pflanze
stellt in den Bergen einen
wichtigen Verlandungs-
pionier (Humusbildung) dar
und kann durch ihren starken Wuchs ganze Gewässer
umbilden.

Sammelzeit
Wurzeln April bis Mai oder
September bis Oktober,
Blätter Juni bis August.

Verwendeter Teil
Wurzeln, Blätter.

Schlüsselblume

(Primula veris L.)

Wirkstoffe
Vor etwa 30 Jahren wurde in der Wurzel der krampflösende Stoff Petasin gefunden, ferner ätherisches Öl, Schleim, Inulin, Cholin und Bitterstoff. Trotz dem hohen Stand der heutigen Wissenschaft sind die Wirkstoffe in der Pestwurz noch nicht völlig bekannt.

Wirkung
Krampflösend, hustenlindernd, schleimlösend, schmerzlindernd, wundheilend, schweisstreibend; reguliert die Menstruation. Nach Prof. Dr. K. Bucher, Basel, antispastisch, ähnlich wirkend wie Papaverin.

Anwendung: *Tee* als Abkochung der Wurzeln (siehe Seite 11) bei Husten, Bronchialasthma, Krämpfen, Nieren- und Gallensteinkoliken, Menstruationskrämpfen, Kopfweh, Migräne, Nervenschwäche, nervösem Magen und gestörtem Gallenfluss. Zur gleichen Heilanzeige ist auch die *Tinktur* der Wurzeln (siehe Seite 12) anwendbar. Ausserdem wird die frische Frühjahrs- oder Herbstwurzel in Wein (siehe Seite 12) angesetzt und als krampflösendes Mittel sowie als Nerven- und Hustenmittel empfohlen. Die *Auflage* der frischen Blätter (siehe Seite 13) wird bei Gelenkschmerzen, Wunden, Krampfadern verwendet.

Das Erblühen der anmutigen Pflanze verkündet uns endgültig den Einzug des erwachenden Frühlings, poetisch ausgedrückt öffnet sie gleichsam als Schlüssel die Tore zum Lenz.

Nomenklatur
Primula lat. primus = der Erste, veris lat. ver = Frühling (erste Frühlingsblume). Der deutsche Name Schlüsselblume deutet die Ähnlichkeit der Pflanze mit einem alten Hohlschlüssel an.

Volksnamen
Mattetennli, Himmelsschlüssel, St. Petersschlüssel, Osterblüemli, Bäreöhrli, Heiratsschlüssel.

Botanik
Mehrjähriges Primelgewächs (Primulacea), ca. 20 cm hoch.

Wurzel
Ausdauernder, kurzer, hellbrauner Wurzelstock.

Blatt
Rosette aus länglichen, eirunden, wellig gezähnten Blättern, zu Beginn rückwärts eingerollt.

Blüte
Sitzt auf 10 bis 20 cm hohem Blütenstengel, fünf bis zehn doldige Blüten, goldgelb, vorn in fünf Zipfeln ausgeweitet, in grünem Kelch eingehüllt, honigartiger Geschmack, frühlingshafter Duft.

Blütezeit
April bis Mai.

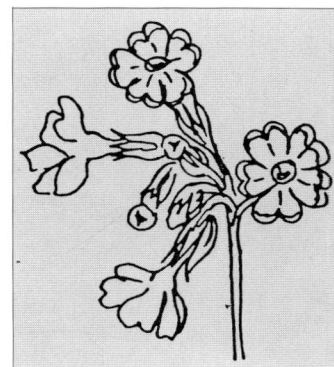

Blüte Waldschlüsselblume
Primula elatior

Blüte Wiesenschlüsselblume
Primula veris

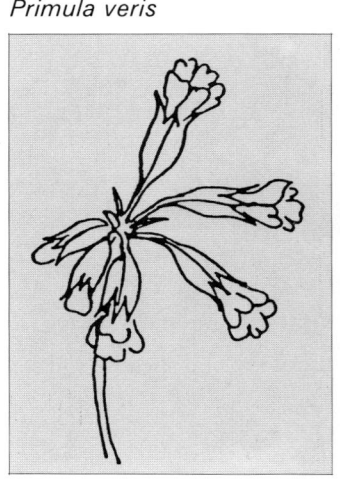

Arten
Im Unterschied zu den gold-gelben, glockigen Wiesen-schlüsselblumen (Primula veris), wächst in Wiese und Wald eine höhere Art mit hellgelben, offenen Blüten, die hohe Waldschlüssel-blume (Primula elatior). Diese ist geruchlos und be-sitzt wenig ätherisches Öl. Für medizinische Zwecke wer-den hauptsächlich die duf-tenden, goldgelben Schlüs-selblumen verwendet.

Standort
In trockenen Wiesen, am Rain, an Flussdämmen bis auf 2000 m Höhe.

Sammelzeit
April bis Mai.

Verwendeter Teil
Blüten und Blätter (Wur-zeln geschützt).

Wirkstoffe
Saponin (Primulin), ätheri-sches Öl, Vitamin C, Glyco-sid (Primulaverin und Prim-verin), Flavone.

Wirkung
Auswurffördernd, schleim-verflüssigend, antirheuma-tisch.

Anwendung: Tee als Auf-guss der Blüten (siehe Seite 11) bei Erkältung, Husten, Katarrh, zur Beruhigung und zu Genusszwecken (Früh-stückstee). Wildkräuter-küche: Die bei jung und alt als Frühlingsboten beliebten Schlüsselblumen werden in der Wildkräuterküche für die verschiedenartigsten Zube-reitungen verwendet die schmackhaft und gesund sind, z.B. als Salat- cder Suppenzugabe. Man ver-wendet hiezu die jungen grünen Blätter, welche fein zerschnitten zur Fleisch-brühe, in die Suppe oder in den Salat gestreut werden (pro Teller ein bis zwei Ess-löffel voll). Vielfach werden die Blätter mit Bärlauch, Brunnenkresse und Gundel-reben vermischt und zum Kopf- oder Endiviensalat ge-geben. Fast in Vergessen-heit geraten ist die Herstel-lung von Schlüsseli-Gelee: Die frisch zerquetschten Schlüsselblumenblüten werden mit etwas Zucker überdeckt und nach einigen Tagen abgepresst. Diese honigartige Masse bildet einen ausgezeichneten Brot-aufstrich. In alter Zeit wurden Schlüsselblumen-präparate, besonders der von Tabernaemontanus her-gestellte Primelwein. als Medizin für Leute von Adels-stand angepriesen. Die Schlüsselblumenb üten wurden in Wein angesetzt ein ois zwei Handvoll pro Liter weissen Süsswein) und nach einigen Tagen abge-presst. Dies ist ein ausge-zeichnetes Stärkungsmittel.

Vorsicht: Die in der Bergen wachsenden Aurikel und die rote Mehlprimel (be des Verwandte der Schlüssel-blume) sind giftig!

Lungenkraut

(Pulmonaria officinalis L.)

Im Monat März, wenn es bald schneit, bald regnet, dazu ein eisiger Wind um die Ecken bläst, ist der Mensch nicht selten anfällig für allerhand katarrhalische Erkrankungen, sei es Husten, Heiserkeit, Katarrh und Lungenerkrankungen. Zur richtigen Zeit schickt uns Mutter Natur ein Heilmittel aus der Erde, das bei diesen Erkrankungen gute Dienste leistet. Es ist das heilkräftige Lungenkraut.

Nomenklatur

Pulmonaria, pulmo lat. = die Lunge, officinalis = Heilmittel, Lungenkraut = Heilmittel für Lungenerkrankungen.

Volksnamen

Tag und Nacht, Fleisch und Blut, Bayern und Franzosen (Blütenfarben rot und blau), Hänsel und Gretel, Brunneschlüsseli, Fleckenkraut, Hoseschisser, Lungentee, blaue Schlüsselblumen, ungleiche Schwestern, Güggel- oder Pluderhose.

Botanik

Mehrjähriges Borretschgewächs (Boraginacea) 10 bis 20 cm hoch.

Wurzel
Dünner, ästiger Wurzelstock, aus dem im zeitigen Frühjahr behaarte Blütensprosse aufsteigen.

Blatt
Spitz auslaufende Blätter, weiss oder braun gefleckt, die wie menschliche Lungenflügel aussehen (Signatur) mit starren Borstenhaaren.

Blüte
Am Ende des Stengels sitzen kurzgestielte Blüten, die in einen grünen Kelch eingehüllt sind. Die noch unbestäubten Blüten tragen ein weinrotes Festgewand, die bereits bestäubten ein violett-blaues. Diese Farbänderung beruht auf dem Anthacyangehalt des Zellsaftes, der zuerst in saurer, nach der Bestäubung in alkalischer Lösung vorliegt. Eigenartigerweise suchen die Insekten fast nur die roten Blüten auf. Das Lungenkraut will offenbar den Bienen mit seinem Farbsignal unnütze Wege ersparen. Fast glaubt man, wenn man darüber nachdenkt, das listige Lächeln der Blume zu sehen.

Blütezeit
März bis Mai.

Standort
In lichten Laubwäldern, in feuchtem, tiefgründigem Boden, in Wiesen und Matten bis auf 1700 m Höhe.

Sammelzeit

März bis April.

Verwendeter Teil
Ganzes Kraut (mancherorts ist die Pflanze geschützt!).

Wirkstoffe
Kieselsäure (lungengewebsfestigend), Aluminium, Harz, fettes Öl, eisengrüner Gerbstoff, wenig Schleim, Saponin.

Wirkung
Schleimlösend, lungengewebsfestigend, lungenstärkend, reizmildernd. Man behauptet, dass Rehe und Hirsche, wenn sie krank sind, Zuflucht zum Lungenkraut nehmen; darum wird die Pflanze auch Hirschmangold genannt.

Anwendung: *Tee* als Aufguss des Krautes (siehe Seite 11) bei Katarrhen der Luftwege, Husten mit Schleim, Auswurf, Grippe, Bronchitis, Heiserkeit und Lungenerkrankungen. *Pulver* (siehe Seite 13) mit Honig vermischt bei Husten und Katarrhen. *Wildkräuterküche:* In früheren Zeiten wurden die jungen, frischen Blätter des Lungenkrautes in Eierkuchen gebacken oder auch in die Suppe oder in den Salat gegeben.

Wurmfarn

(Dryopteris filix-mas. L. Schott)

«Die Natur zeichnet ein jegliches Gewächs, zu dem dazu es gut ist. Darum, wenn man erfahren will, was die Natur gekennzeichnet hat, so soll man es an dem Zeichen erkennen, was Tugend in selbiger ist.» Paracelsus weist mit diesen Worten auf die Signaturenlehre hin. Heilkünstler, die die Sprache der Pflanzen verstehen, sollen imstande sein, auf Grund der Pflanzenform, Gestalt und Farbe Heilgeheimnisse zu erkennen, wie z.B. beim Wurmfarn. Aus den wurmförmig aufsteigenden Blättern wollten unsere Vorfahren eine Heilanzeige gegen Wurmkrankheiten erkennen.

Nomenklatur
Dryopteris griech. drys = Eiche, pteris = Flügel, (unter Eichen wachsend), filix mas, aus dem Lateinischen, bedeutet männlicher Farn. Wurmfarn weist auf die altbekannte Verwendung als Bandwurmmittel hin (Vorsicht: giftig).

Volksnamen
Bandwurmwurzel, Geissleiterli, Flohkraut, Wanzenkraut, Waldfarn, Schluchtenfarn, Wedeln.

Botanik
Mehrjähriges Tüpfelfarngewächs (Polypodiacea), ca. 100 cm hoch.

Wurzel
Schwarzbrauner, faustdikker, fusslanger Wurzelstock.

Blatt
Die 30 bis 100 cm hohen Blätter bilden Trichter, die am Anfang des Wachstums wurmförmig aufsteigen (Bischofsstab). Der Wedelumriss ist länglich lanzettlich, nach dem Grunde etwas verschmälert und verläuft am Ende in eine lange Spitze. Die sitzenden, wechselständigen Fiederblätter sind länglich gesägt.

Sporen
Unterseits an den Fiederblättern sind weisslich grüne, später braune, runde Sporenhäufchen.

Sporenreife
Juni bis September.

Arten
Adlerfarn (Pteridium aquilinum) über 100 cm hoch; Steinfarn (Blechnum spicant), alpine Form; beide Arten können zu Bädern und Einreibungen verwendet werden. Man zählt über 7000 Farngewächse.

Standort
Im Wald, am Waldrand, in Hecken, an steinigen Abhängen.

Sammelzeit
September bis Oktober.

Verwendeter Teil
Wurzelstock.

Wirkstoffe
Ätherisches Öl, Filicin, Gerbstoff, Phloroglucinderivate, Aspinidol, Filixsäure, Buttersäure, Stärke und Zucker.

Wirkung
Die Phloroglucinderivate wirken lähmend auf die Muskulatur der Eingeweidewürmer, vor allem der Bandwürmer. In Spitälern werden Spezialpräparate als frisch zubereitete Ätherextrakte verwendet. Da dadurch die Darmparasiten nicht getötet, sondern nur gelähmt werden, muss nach dem Wurmfarnmedikament ein Abführmittel gegeben werden, damit die Würmer mit dem Kot ausgeschieden werden, bevor sie sich von der Lähmung erholen. Durch das Abführmittel wird auch die Wurmfarndroge ausgeschieden. Eine geringe Dosierung des Mittels ist zu beachten. Laien sollen die Finger davon lassen, da Vergiftungsgefahr besteht.

Anwendung: *Bademittel* mit Wurmfarnwurzeln (siehe Seite 13) bei Schmerzen der Extremitäten, Wadenkrämpfen, Rheuma. Die *Tinktur* der frischen Wurzel (siehe Seite 12) eignet sich zum Einreiben bei Rheuma, Gicht, Schreibkrampf, Wadenkrampf und Ischias.

Wurmfarnkissen: Die frisch getrockneten Wurmfarnblätter eignen sich, in ein Kissen eingenäht, als Rheumaunterlage. Selbst Hunde fühlen sich wohler auf einem Wurmfarnkissen. Wenn man getrocknetes Farnkraut im Keller unter das Obst schichtet, bleibt das Erntegut länger frisch und kräftig und wird weniger von Lagerungsschäden befallen.

Vorsicht: Wurmfarn ist eine giftige Pflanze! Schon nach kurzer Zeit können Übelkeit, Erbrechen, kollapsähnliche Zustände, Schwindel und Sehstörungen auftreten.

In der Bezeichnung «Bitterklee» liegt bereits ein Widerspruch. Bitterklee ist keine Kleeart, sondern gehört zur Familie der Enziangewächse. Die Pflanze ähnelt in ihrer Gestalt den einheimischen Orchideen (Knabenkräutern). Sie ist eine Zierde auf nassen Wiesen, in Sümpfen und an Seeufern.

Nomenklatur
Menyanthes griech. menyein = offenbaren, anthos = Blüte (auffallende Blüte), trifoliata lat. = dreiblättrig, Bitterklee = bittere, dreiteilige Blätter.

Volksnamen
Bachgräsli, Biberklee, Sumpfklee, Magenklee, Butterklee, Gottvergessentee, Dreiblatt.

Botanik
Mehrjähriges Enziangewächs (Gentianacea), ca. 30 cm hoch.

Wurzel
Kriechender Wurzelstock, aus dem ein bis 30 cm hoher Blühstengel entspringt.

Blatt
Langgestielt, dreizählig, verkehrt eiförmig, mit stumpf gesägtem Rand und breitem Mittelnerv.

Blüte
Endständig, pyramidenför-

mige, strahlige, dekorative Traube, weiss-rosarot, fünf Kronzipfel, dicht mit Haaren bedeckt.

Blütezeit
April bis Mai (in den Alpen bis August).

Standort
In Sümpfen, im Moor, Teich und an Seeufern bis auf 2200 m Höhe, der Wurzelstock liegt im Wasser, die Blüte erhebt sich über den Wasserspiegel.

Sammelzeit
Mai bis Juli (Vorsicht: Naturschutz).

Verwendeter Teil
Blätter (im Dunkeln aufbewahren).

Wirkstoffe
Bitterstoff Meliatin, Flavonoide, ätherisches Öl, Aglukon, Gerbstoff, Saponin, Cholin, Jod, Enzym.

Wirkung
Anregend auf die Verdauungsdrüsen, insbesondere die Magensaftdrüsen, fieberwidrig.

Anwendung: *Tee* als Aufguss der Blätter (siehe Seite 11) bei Magenbeschwerden, Appetitlosigkeit, ungenügender Verdauung, Fieber, Leber- und Gallenleiden. Eigenartigerweise

Löwenzahn

(Taraxacum officinale Weber)

kommt der Fieber- oder Bitterklee gerade dort häufig vor, wo viele Wechselfiebererkrankungen auftreten (Signatur). In Lappland wird die Wurzel dem Brotteig beigegeben, auch kann man sie als Ersatz für Hopfen beim Bierbrauen (besonders in England) verwenden.

Am auffallendsten ist der Löwenzahn, wenn er in Reih und Glied im Wiesenteppich blüht und wenn nach dem Blütenfest der weissfedrige Fruchtstand in einer Kugel von duftiger Zartheit erscheint. Wird dieser von einem Windstoss getroffen, löst sich eine Frucht nach der anderen und schwebt wie ein Fallschirm davon. Auf diese Weise kann der Löwenzahn weite Reisen unternehmen und die merkwürdigsten Landungen vornehmen. Nicht umsonst ist er ein Kosmopolit d.h. auf der ganzen Erde verbreitet.

Nomenklatur
Taraxacum griech. taraxis = Augenkrankheit (Augenmittel), officinale = Heilmittel, Löwenzahn = gezähnte Form der Blätter.

Volksnamen
Man zählt im deutschen Sprachraum vom Löwenzahn über 800 Volksnamen. Die häufigsten sind: Saublume, Hundszunge, Mistfink, Kuhblume, Guguche, Ankeblume, Butterblume, Märzestock, Weiefäcke, Pusteblume, Chüngelichrut, Sonnenwirbel, Mönchskopf und Hubefädern.

Botanik
Mehrjähriges Korbblütengewächs (Composita), ca. 20 bis 30 cm hoch.

Wurzel
Pfahlwurzel, die tief in den Boden eindringt, um zur Feuchte zu gelangen.

Blatt
Rosette aus lanzettlichen, tief gezähnten Blättern.

Blüte
Die gelben Blütenköpfe, die von einem vielblättrigen Hüllkelch umgeben sind, stehen einzeln am Stengel mit einem hohen Schaft. Alle Organe, ausser Blüten und Samen, führen reichlich weissen Milchsaft.

Blütezeit
April bis September.

Standort
Rasenplätze, Felder, Wiesen, Abhänge bis auf 3000 m Höhe.

Sammelzeit
April bis Mai Blüten, Blätter und Wurzeln; Oktober Wurzeln.

Verwendeter Teil
Blüten, Blätter, Wurzeln.

Wirkstoffe
Inulin (steigt im Herbst bis zu 40% in der Wurzel an), Bitterstoff (grösster Anteil im Frühjahr), Taraxerin (grösster Anteil im Herbst), Cholin, Taraxin, Vitamin D, C, B, Calcium, Mangan, Natrium, Kieselsäure, Schwefel.

Wirkung
Appetitanregend, lebergallenfördernd (bis zu einem Drittel), stoffwechselanregend, blutreinigend, harntreibend, magenstärkend.

Anwendung: *Tee* als Abkochung der Wurzel (siehe Seite 11) bei Leber-, Gallen-, Magen- und Milzleiden, Rheuma, Arthritis, schlechter Verdauung, Stoffwechselbeschwerden und zur Blutreinigung. *Tinktur* der frischen Wurzeln (siehe Seite 12) bei Leber-, Milz- und Gallenleiden sowie bei Rheuma und Stoffwechselkrankheiten. *Pressaft* des ganzen Krautes mit Wurzeln (siehe Seite 12) bei Leber- und Gallenleiden, Rheuma. *Wildkräuterküche:* Die jungen, grünen Blätter aus ungedüngten Stellen eignen sich als Salat- und Gemüsezugabe. *Löwenzahnhonig:* Drei bis vier Kaffeetassen voll frische, geöffnete Löwenzahnblüten werden mit einem Liter Wasser kurz aufgekocht und anschliessend abgesiebt. Dann wird die Flüssigkeit mit 1½ kg Zucker vermengt und mit einer zerschnittenen Orange und Zitrone auf Honigdicke eingekocht. *Kosmetik:* Um die Blutzirkulation im Gesicht anzuregen, macht man mit frischen Löwenzahnblüten eine Kompresse (siehe Seite 14).

Wohlriechendes Veilchen

(Viola odorata L.)

Kaum eine Blume begrüssen wir im Frühling mit so grosser Freude wie das erste Veilchen. Wenn Eis und Schnee geschmolzen sind, spriesst es aus dem welken Laub des vergangenen Jahres hervor und nickt uns an sonnigen Hecken und Rainen freundlich entgegen.

Nomenklatur
Viola lat. = Veilchen, odorata = wohlriechend.

Volksnamen
Märzveilchen, Veieli, Viöli, Märzennägeli, Heckenveilchen.

Botanik
Mehrjähriges Veilchengewächs (Violacea), ca. 10 bis 15 cm hoch.

Wurzel
Dicker, kurzer, oberflächlicher Wurzelstock, meist mit 20 cm langen Ausläufern.

Blatt
Gestielt, herzförmig, zu Beginn eingerollt (tütenförmig).

Blüte
Die Blüten stehen auf einem mit kleinen Nebenblättern versehenen Schaft. Wie ein Auge leuchtet der rote Stempel aus dem feinen Blau der Blüte hervor. Die Blüten haben einen feinen Wohlgeruch, der aber beim Trocknen teilweise verloren geht. Die reife Kapsel öffnet sich mit drei Klappen, und die kleinen dunklen Samen fallen heraus. Diese werden mit Vorliebe von Ameisen verzehrt und verschleppt, wodurch die Weiterentwicklung der Pflanze gesichert ist.

Blütezeit
März bis April.

Arten
Am wirksamsten ist das echte, wohlriechende Veilchen. Es gibt aber noch andere Arten wie die geruchlosen Hundsveilchen (Viola canina), die Waldveilchen (Viola silvestris), die rauhhaarigen Veilchen (Viola hirta) und das Sumpfveilchen (Viola palustris). Man kennt auch ein Veilchen mit gelben Blüten unter dem Namen Viola biflora.

Standort
Am Rain, am Waldrand, an Laubplätzen unter dem Gebüsch, im Hausgarten.

Sammelzeit
März bis April.

Verwendeter Teil
Blüten und Blätter (Wurzeln geschützt).

Wirkstoffe
Saponin, Salicylverbindungen, Riechstoff Jonon, Alkaloid Violin, Bitterstoff und Säure.

Wirkung
Schleimlösend, auswurffördernd, harntreibend, fieberwidrig, schmerzlindernd.

Anwendung: *Tee* als Aufguss der Blüten (siehe Seite 11) bei Verschleimung, Husten, Bronchitis, Katarrh, Fieber, auch zum Gurgeln bei entzündeten Mundschleimhäuten. *Brustsirup* für Kinder: 100 bis 200 g Blüten in einem Liter Wasser kurz aufkochen, 10 Minuten ziehen lassen und ab-

30

Waldmeister

(Asperula odorata L.)

sieben. Anschliessend 1 kg Zucker auflösen. Der fertige Sirup hat eine leicht violette Färbung. *Wildkräuterküche:* Mit Veilchen kann man für die abwechslungsreiche Küche einen *Essig* zubereiten, indem 1 bis 2 Handvoll Blüten in einem Liter Essig eingelegt werden. Romantisch veranlagte Hausfrauen verwenden das Veilchen zur *Bowle:* Man nimmt eine Tasse voll Blüten, den Saft von zwei Orangen und einen Liter Weisswein. Alles zusammen lässt man zwei Stunden ziehen und filtriert. Nachher löst man zusätzlich 100 g Zucker auf und belebt die Bowle vor dem Servieren mit einem Liter eisgekühltem Schaumwein.

In den schattigen Säulenhallen der Wälder, vor allem als Teppichbelag der mächtigen Buchen, gedeiht von der Ebene bis in die Voralpen der Waldmeister. Wie die deutsche Bezeichnung ausdrückt, ist der Waldmeister eine heilkräftige Waldpflanze.

Nomenklatur
Asperula lat. asper = rauh (rauhe Blätter), odorata = wohlriechend (Cumarinduft).

Volksnamen
Waldtee, Tabakskraut, Meister, Leberkraut, Magerkraut, Herzensfreude, Waldmännli, Guggerblume.

Botanik
Mehrjähriges Labkrautgewächs (Rubiacea), ca. 20 cm hoch.

Wurzel
Dünner, walzenförmiger, kriechender Wurzelstock.

Blatt
Die stachelspitzigen, lanzettlichen Blätter wachsen in Quirlen an einem vierkantigen, dünnen Stengel (ca. 10 bis 20 cm hoch).

Blüte
Die reich verzweigten, doldenähnlichen Blütenstände befinden sich

am Ende des Stengels, die unter der Lupe wie kleine, weisse Sterne aussehen. Der Waldmeister duftet besonders stark nach Cumarin. Die Pflanze ist im Volksglauben als Wetterprophetin berühmt, da sich der Geruch bei kommender Wetteränderung jedesmal verstärkt. Ende August wachsen aus der Blüte die zweisamigen Schliessfrüchte in einer kleinen, grünen, an der Spitze mit gekrümmten Borsten versehenen Kugel.

Blütezeit
Mai bis Juni.

Standort
Im Waldboden an lichten Stellen, vor allem unter Buchen, von der Ebene bis in die Voralpen.

Sammelzeit
April bis Juni, kurz vor der Blüte.

Verwendeter Teil
Ganzes Kraut.

Wirkstoffe
Cumaringlycosid, Asperulosid, Gerbstoff, Bitterstoff, Rubichlorsäure, Mineralsalze. Das Cumarin spaltet sich im welken Zustand ab, so dass der Cumaringeruch (typischer Waldmeisterduft) viel stärker ist als während der Blütezeit.

Wirkung
Die Glycoside des Waldmeisters erweitern die peripheren Gefässe, ohne die Gerinnungsfaktoren des Blutes in unphysiologischer Weise zu beeinflussen. Dem Asperulosid kommt auch eine antiphlogistische Wirkung zu. Beide Hauptinhaltsstoffe sind auch Spasmolytika (Dr. med. H. Braun).

Anwendung: *Tee* als Aufguss des Krautes (siehe Seite 11) wird als Mittel gegen Kopfweh, Migräne und unregelmässige Herztätigkeit empfohlen. Er säubert auch den Urin. *Wildkräuterküche:* «Schütte den perlenden Wein auf das Waldmeisterlein!» Maitrank oder Waldmeisterbowle: Man nimmt ein Büschel Waldmeister, nur so viel, wie man mit zwei Fingerspitzen halten kann, hängt dieses mit den Blüten nach unten in ein Gefäss. Dann giesst man einen halben Liter Weisswein darüber und lässt eine halbe Stunde zugedeckt stehen. Nach dieser Zeit nimmt man die Kräuter wieder heraus und giesst 1½ Liter Weisswein hinzu. Nun kann mit Zucker nach Belieben gesüsst werden. Vor dem Servieren wird ein Liter eisgekühlter Schaumwein hinzugegossen. Man kann die Maibowle auch alkoholfrei zubereiten: Ein Büschel Waldmeister legt man in zwei Liter weissen Traubensaft oder Süssmost. Nach einer halben Stunde entfernt man den Waldmeister und kühlt die Bowle im Eisschrank. Vor dem Servieren wird ein Liter eisgekühlter Kohlensäuretraubensaft hinzugegossen.

Vorsicht: Der Waldmeister mit dem Cumaringehalt darf nicht überdosiert eingenommen werden, da der überreiche Genuss zu Kopfweh, Schwindel und Erbrechen führen kann.

Birke
(Betula pendula Roth)

Erstaunlich ist der aktive Flüssigkeitsstrom der Birke im Frühjahr. Wenn er einen feuchten Standort hat, kann der Baum bis zu 70 Liter Wasser im Tag über die Blätter verdunsten. Dieser Flüssigkeitshaushalt macht sich auch bemerkbar, wenn wir den weissborkigen Stamm anbohren. Aus der Bohrstelle fliesst reichlich Pflanzensaft ab, den man medizinisch verwerten kann.

Nomenklatur
Betula lat. = Birke, pendula = hängend, Birke aus altindisch bhurgas = Indische Birke.

Volksnamen
Warzenbirke, Hängebirke, Weissbirke, Wasserbirke.

Botanik
Mehrjähriges Birkengewächs (Betulacea), bis 25 cm hoch.

Wurzel
Kräftige, tiefreichende Wurzel, aus der ein schneeweisser Stamm, mit Borken unterbrochen, hochsteigt.

Blatt
Das Blattwerk ist im Wind lebendig wie Zittergras und besteht aus dreieckigen, rhombischen, wechselständigen, klebri-

çen Blättern, ca. 4 bis 7 cm
lang.

Blüte
Bis 10 cm männliche, bis
5 cm weibliche Kätzchen in
zylindrischer Form,
Bestäubung durch den
Wind, anschliessend reifen
Nüsschen.

Blütezeit
Mai bis Juni.

Arten
Betula verrucosa Ehrh.
Warzenbirke mit unbe-
haarten Zweigen.
Betula pubescens Ehrh.
= Moor- oder Haarbirke
mit behaarten Zweigen
(junge Zweige nicht hän-
gend). Betula nana L. =
Zwergbirke in Alpennähe.
Alle Arten medizinisch ver-
wendbar. (Betula pendula =
Sammelbegriff für die ersten
zwei Birkenarten.)

Standort
Im Moor, an felsigen
Hängen, im Mischwald,
Sumpfgebiet, Gebüsch und
Park bis auf 2000 m
Höhe.

Sammelzeit
Mai bis Juni.

Verwendeter Teil
Junge Blätter, Saft und
Rinde.

Brennessel

(Urtica dioica L.)

Wirkstoffe
0,04% Saponin, 5—9% Gerbstoff, Bitter- und Schleimstoff, 3—8% ätherisches Öl, Betulinsäure, Fruchtzucker, Kalium, Calcium, Flavonoide, Rinde enthält Birkenkampfer.

Wirkung
Harntreibend, blutreinigend, desinfizierend, harndesinfizierend, reinigend und entgiftend.

Anwendung: *Tee* als Aufguss der jungen Blätter (siehe Seite 11) bei Erkrankungen der Harnwege, Nieren-Blasenleiden, geschwächter Nierenfunktion (Harnmenge wird 4—5fach vergrössert), Überschuss von Harnsäure, Rheuma-Gicht, Entgiftung des Organismus, Wassersucht. *Rindenabkochung* (siehe Seite 11) bei Hautkrankheiten und Gicht. *Saftkur* im Mai/Juni durch Anbohren des Baumstammes bei mindestens 30 cm Durchmesser, anschliessend mit Wachs verschliessen (keinen Forstfrevel betreiben!). Täglich 2 bis 3 Glas Saft zur Frühjahrskur, Blutreinigung, Reinigung und Entgiftung bei Hautkrankheiten. Dieser Saft kann auch zur Haarspülung bei Haarausfall verwendet werden. Konservieren durch Einfrieren im Eisschrank oder Zugabe von 4 bis 5 Gewürznelken pro Liter. *Vollbad* mit Birkenblätterabsud (siehe Seite 13) bei Hautkrankheiten und zur Reinigung der Haut. Das *Fussbad* vermindert Fussschweiss. *Kosmetik:* Haarspülung mit Blätteraufguss kräftigt den Haarboden, macht das Haar weich und glänzend (nicht geeignet für blondes Haar).

Pfarrer Künzle schrieb: «Die Brennessel ist wohl das einzige Kraut, das allen Menschen bekannt ist, denn ihr Händedruck ist unvergesslich.» Wie verhält es sich nun mit diesem lästigen Brennen? Wenn wir Blätter und Stengel unter die Lupe nehmen, sehen wir, dass sie überall mit Brennhaaren ausgerüstet sind. Diese Brennhaare besitzen harte, kieselsäurehaltige Zellwände mit einem leicht verletzbaren Kopf. Streifen wir mit unserer Haut diese Köpfe, brechen sie ab, und die unbiegsamen Haare dringen wie die Kanüle einer Injektionsspritze in unsere Haut ein. Giftige Stoffe werden dann eingespritzt und hinterlassen die juckenden Nesselanschwellungen. Dieses Brennen trug der Pflanze ihre Namensbezeichnung ein.

Nomenklatur
Urtica lat. urere = brennen, dioica = zweihäusige Blüten. Nessel leitet sich von Netz ab und versinnbildlicht die Verwendung der Stengelfasern zu Geweben.

Volksnamen
Donnernessel, Hanfnessel, Hebernessel, Scharfnessel, Tausendnessel.

Botanik
Mehrjähriges Nesselgewächs (Urticacea), ca. 50 bis 100 cm hoch.

Wurzel
Verzweigter Wurzelstock, aus dem vierkantige Stengel, die mit Brennhaaren versehen sind, aufstehen. Wenn man die Stengel zerreisst, so zeigen sich bastähnliche Fasern. Früher hat man daraus das sogenannte Nesseltuch hergestellt.

Blatt
Gegenständig, eiförmig, gesägt, mit stechenden Borsten.

Blüte
Unscheinbar, mit sehr viel Blütenstaub. Bei voller Ausbildung platzt der Beutel, und der Blütenstaub steigt explosionsartig in die Luft.

Blütezeit
Juli bis September.

Arten
Urtica dioica, die Grosse Brennessel, ein mehrjähriges Gewächs, ca. 100 cm hoch, mit entweder nur weiblichen oder männlichen Blüten (diözisch). Urtica urens, die Kleine Brennnessel, einjährig, ca. 60 cm hoch, während der Blütezeit männliche und weibliche Blüten (monözisch).

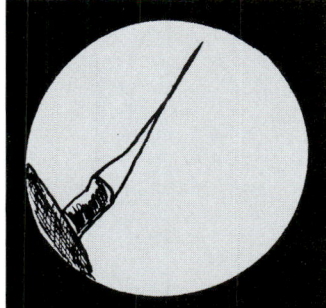

Brennessel: Brennhaar

Standort
Die Brennessel ist ein
Kosmopolit, d.h. sie ist auf
der ganzen Erde verbreitet;
im dichten Gebüsch,
auf dem Ödland, in Schutthalden, an Zäunen und
Wegrändern.

Sammelzeit
Die Blätter können bis Ende
Juni eingesammelt
werden, nach dieser Zeit
sind sie zu stark. Man
sollte die Pflanze nicht
direkt dort suchen, wo der
Hund das Bein hebt.
Blüten: Juli bis September,
Wurzeln: Mai bis Juni.

Verwendeter Teil
Blüten, Blätter und Wurzeln.

Wirkstoffe
Chlorophyll, Vitamin A und
C, Mineralien wie Eisen,
Magnesium, Natrium,
Kalium, Silicium, Calcium

und Phosphor, ein histaminähnlicher Stoff (Brennwirkung), Spuren von Ameisensäure, Gerbsäure und Gallussäure.

Wirkung
Blutreinigend, harntreibend, blutbildend, entzündungswidrig, milchbildend.

Anwendung: *Tee* als Aufguss der Blätter (siehe Seite 11) zur Anregung des Stoffwechsels, bei Rheuma, Gicht, zur Blutreinigung, Blutbildung, Milchbildung bei stillenden Müttern, Allergien, bei Erkrankungen der Harnorgane. Der reiche Gehalt an Vitamin A, verschiedenen Mineralsalzen, pflanzlichen Hormonen und nicht zuletzt das Enzym Sekretin machen die Brennessel besonders geeignet zur Durchführung von Frühjahrskuren in Form von frischem Pressaft (siehe Seite 12). Die Blüten, zu gleichen Teilen mit Honig vermischt und dreimal täglich vor den Mahlzeiten einen Teelöffel voll eingenommen, regen die Lebenskräfte besonders in vorgerücktem Alter an. Früher hat man sich bei rheumatischen Erkrankungen und Gliederschwund mit frischen Brennnesseln gepeitscht, was zu einer gesteigerten Hautdurchblutung führte. Heute versucht man mit synthetischen Stoffen (Histamin-Salbe) eine ähnliche Wirkung zu erzeugen. Diese Methoden dürften jedenfalls nicht ungefährlich sein und beschwören Bilder barbarischer Rosskuren herauf. *Wildkräuterküche:* Die jungen, frischen Maibrennnesselblätter können wie Spinat aufgekocht werden, wenn man sie zuvor mit heissem Wasser abspült, so dass der Brennstoff der Haare ausgewaschen wird. *Gewürz:* Da der menschliche Organismus durchs ganze Jahr Chlorophyll, Eisen, Vitamin und Mineralien benötigt, eignet sich das getrocknete und pulverisierte Blatt ausgezeichnet als tägliches geschmackfreies Gewürzmittel zu allen Speisen. *Kosmetik:* Es ist kaum vorstellbar, dass die bekannte Feuerpflanze auch in der Kosmetik eingesetzt werden kann. In der Tat wirkt aber eine Haarspülung mit Brennesselwurzelabkochung gegen Schuppen und kräftigt die Haarwurzeln.

Frauenmantel
(Alchemilla vulgaris L.)

Bei hoher Luftfeuchtigkeit im Sommer kann man an den Blättern des Frauenmantelkrautes in der Sonne glitzernde Tautröpfchen (Guttationswasser) feststellen. Dieses Guttationswasser wurde in früherer Zeit von den Alchimisten eingesammelt und als «himmlisches Wasser» für die Herstellung des «Steins

der Weisen» benutzt. Nicht umsonst trägt das Frauenmantelkraut die botanische Bezeichnung «Alchemilla».

Nomenklatur
Alchemilla = Zauberkraut, Alchimistenkraut, vulgaris = gewöhnlich. Frauenmantel = mantelförmige Blätter, Frauenkraut.

Volksnamen
Die Tautropfen auf den Blättern haben im Volksmund zu allerlei populären Namensgebungen geführt: Taumänteli, Träneschön, Rägedächli, Wasserträger, Taubecher, Dächlichrut, Frauehilf, Mäntelichrut, Röckli, Muttergotteskraut, Marienmänteli, Herrgottsmänteli.

Botanik
Mehrjähriges Rosengewächs (Rosacea), ca. 10 bis 30 cm hoch.

Wurzel
Verholzter Wurzelstock, oberseits rötlich angelaufen.

Blatt
Mantelförmig, halbkreisnierenförmig, gestielt, am Rande 7–8fach gezähnt, an den Zähnchen der Blattränder sitzen die Guttationströpfchen.

Blüte
10 bis 30 cm hohe Blütentriebe mit grün-gelben, kleinen, dreieckspitzigen Blüten.

Blütezeit
Mai bis August.

Standort.
Bis auf 2600 m Höhe in Wiesen, Weiden, auf Schuttplätzen, am Wegrand, in Feldern, an Felsen,

in lichten Wäldern und Gebüschen.

Sammelzeit
Mai bis August.

Verwendeter Teil
Ganzes Kraut (Blüten und Blätter ohne Wurzeln), wenn der Tau verdunstet ist.

Wirkstoffe
Gerbstoff, Bitterstoff, Lecithin, Saponin, Paraffin, Fett, Öl, Linolsäure, Spuren von Salicylsäure, Phytosterin und Stearinsäure. Es sind noch nicht alle Wirkstoffe bekannt.

Wirkung
Blutstillend, entzündungshemmend, narbenbildend, beruhigend, wundheilend und stopfend.

Anwendung: Das Frauenmantelkraut ist in der Volksmedizin eine sehr begehrte Heilpflanze und kommt hauptsächlich als Tee-Aufguss der Blüten und Blätter (siehe Seite 11) zur Anwendung. Der Tee beruhigt die Nerven, bringt gesunden Schlaf, ist ein schnellwirkendes Mittel bei Übelkeit, Schnupfen und Kopfweh. Die Pflanze dient mit Recht auch als Mittel gegen Frauenkrankheiten, schmerzhafte Periode, Unterleibsentzündungen, Weissfluss, Wechseljahrbeschwerden und als Rekonvaleszenzmittel nach der Entbindung. Der Tee von Frauenmantel ist lieblich und angenehm im Geschmack; besonders mit Schlüsselblumen vermischt ist er vortrefflich und gesund. Frauen sollten während der Schwangerschaft und danach täglich einmal Frauenmanteltee geniessen. Bei entzündeten Augen kann man mit dem Frauenmantel täglich 1 bis 2mal ein *Augenbad* durchführen, indem zu diesem Zweck die Augen in einem Glas mit filtriertem Tee gebadet werden. Frauenmantel ist auch als Wundheilmittel und gegen Insektenstiche bekannt, indem man mit den frischen Blättern eine

Auflage macht. *Kosmetik:* Der frisch ausgepresste Saft des Frauenmantelkrautes lässt Sommersprossen verschwinden, wenn man ihn täglich aufträgt. Gegen Entzündungen der Gesichtshaut sowie bei Akne kann man mit den Blättern eine Gesichtskompresse (siehe Seite 14) durchführen. *Wildkräuterküche:* Die jungen, frischen Blätter können auch dem Salat beigegeben werden oder wie Spinat aufgekocht werden.

Beinwell, Wallwurz

(Symphytum officinale L.)

Die aus dem Griechischen
stammende Bezeichnung
Symphytum officinale sagt
aus, was der Beinwell will
und kann. Alles, was auf der
Haut des Menschen geteilt
ist, heilt und lindert sie und
lässt es zusammenwachsen.

Nomenklatur
Symphytum, phy = ich
mache, sym = zusammen,
officinale = Heilmittel,
Beinwell oder Wallwurz
stammt aus dem althoch-
deutschen Wort «wallen»,
was «zusammenheilen»
bedeutet.

Volksnamen
Beinwurz, Hasenbrot,
Hasenlaub, Himmelsbrot,
Honigblum, Milchwurz,
Soldatenwurzel, Speck-
wurz, Chüechlichrut, Bie-
nenkraut, Eselsohrwurzel.

Botanik
Mehrjähriges Boretsch-
gewächs (Boraginacea),
ca. 100 cm hoch.

Wurzel
Dicke, tief in den Boden
eindringende, spindelförmige Pfahlwurzel mit dunkel-
braun-schwarzer Haut und
weissem, schleimigem
Innenfleisch.

Blatt
Zungenförmig, mit rauhen
Borsten.

Blüte
Am Ende des Stengels treibt der Beinwell einen glockigen Blütenstand mit eingerollten weissen oder blau-violetten Trauben.

Blütezeit
Mai bis August.

Arten
Symphytum asperum aus dem Kaukasus mit rauhen, stacheligen Haaren; Symphytum orientale aus Armenien und Nordpersien; Symphytum tuberosum mit kleinem Wuchs und dicken Wurzeln, im Wald beheimatet; Symphytum uplandicum aus Upland in Südschweden, eine Kreuzung von Symphytum officinalis und Symphytum asperum. Diese Kreuzung wird auch Symphytum peregrinum oder Comfrey genannt, hat grössere, feinere und weniger behaarte Blätter und wird in den Gärten gezogen.

Standort
Beinwell wächst an feuchten Stellen in Wiese und Wald bis auf 1500 m; er wird auch in den Gärten als lebendige Hausapotheke angepflanzt.

Sammelzeit
Blätter und Wurzel März bis April vor der Blüte, Wurzel: Oktober.

Verwendeter Teil
Blätter und Wurzeln.

Wirkstoffe
Beinwell ist eine Pflanze mit reichem Proteingehalt und enthält grosse Mengen von Mineralien wie Calcium, Phosphor, Eisen, Mangan, Kobalt, Vitamine B1, B2, P und B12. Ausser dem Beinwell ist keine andere Landpflanze bekannt, die das wichtige B12-Vitamin produzieren kann. Dies ist besonders für Vegetarier interessant, die auf Milchprodukte und Eierspeisen verzichten und daher dem Organismus wenig B12 zuführen. In der Wurzel findet sich der biologisch wirksame Stoff Allantoin neben Schleim, Gerbstoff, Cholin, Inulin, Asparagin und Consilidin.

Wirkung
Diese für die Wundbehandlung bedeutungsvollen Wirkstoffe entfernen abgestorbenes Gewebe, fördern die Zellsprossung und leiten die Gewebeerneuerung ein. Eigenartigerweise kommt dem chemisch rein isolierten Allantoin diese Wirkung nicht zu.

Anwendung: Frischer *Beinwellbrei* für die Wundbehandlung bei Verletzungen, schwer heilenden Wunden, Schnitt- und Risswunden, Blutergüssen, Krampfaderstauungen, Rheuma, Arthritis, Furunkel. Man kann die getrocknete, pulverisierte Wurzel auch mit warmem Wasser zu einem Brei rühren, diesen auf einen Leinenstreifen streichen und auf die Hautstellen auftragen. *Beinwellsalbe* eignet sich neben den genannten Indikationen auch bei Narbenschmerzen, Gichtknoten und rheumatischen Muskelverdickungen. Die frisch gesäuberten Wurzeln werden ganz fein zerschnitten und in Schweinefett oder Vaseline ausgelassen, durch ein Sieb filtriert und in einem Glas verschlossen aufbewahrt (über ein Jahr haltbar). Für innere Anwendung eignet sich der Beinwelltee als Abkochung der Wurzel (siehe Seite 11) bei Magenkatarrh, Durchfall und Darmerkrankungen. Für die gleiche Heilanzeige kann man auch die Tinktur der Wurzeln (siehe Seite 12) verwenden. Die Tinktur, mit Wasser verdünnt, eignet sich ferner zum Auswaschen und Desinfizieren von Wunden.

Der ausgepresste Saft der Wurzeln (siehe Seite 12), welcher süsslich, schleimig schmeckt, ist ein Heilmittel bei Lungenerkrankungen und Husten. *Wildkräuterküche:* Die frischen, jungen Blätter können in der Küche in Omelettenteig getaucht werden und im schwimmenden Fett golden gebraten werden. Die jungen Wurzeln können wie Schwarzwurzeln aufgekocht, mit Butter gedünstet und serviert werden. *Kosmetik:* Der frisch ausgepresste Saft der Beinwellwurzeln, verdünnt mit Wasser (ein Teelöffel Saft auf eine Tasse Wasser), kann als tägliches Schönheitsmittel (Kräuterlotion) verwendet werden.

Vorsicht: Beinwell darf nicht in Metallgefässen aufbewahrt werden, da die Wirkstoffe der Pflanze das Metall auflösen. Ebenso dürfen Beinwellblätter nicht überdosiert eingenommen werden, da das vorhandene Symphyto-Cynoglossin, ein Alkaloid, schädigend wirken kann.

Ackerschachtelhalm, Schachtelhalm

(Equisetum arvense L.)

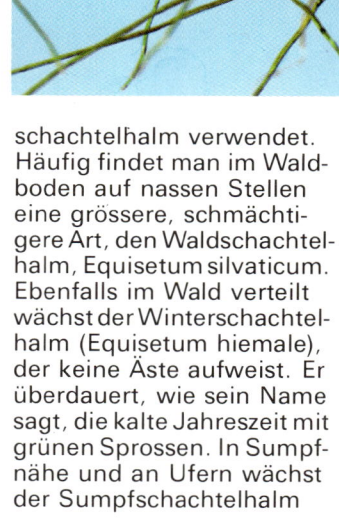

Kräutervater Otto von Brunfels (1489–1543), Kartäusermönch und später Arzt in Bern, schrieb über den Schachtelhalm: «Das Kraut ist gleich einem Pferdeschwanz, in Höhe anderthalb Ellenbogen hoch, vielen wohl bekannt.»

Nomenklatur
Equisetum lat. equus = das Pferd, seta = der Schwanz, arvensis = auf dem Acker wachsend. Zu deutsch Schachtelhalm, da die Pflanze schaftartig ausgebreitete Stengelglieder hat, die von Tischlern zum Polieren von Kunstarbeiten verwendet wurden. Geläufig ist auch der Name Zinnkraut, weil es früher als Putzmittel für Zinn gebraucht wurde.

Volksnamen
Katzenschwanz, Kannenkraut, Dubockkraut, Pferdeschwanz, Tannenkraut, Fegekraut, Fuchsschwanz.

Botanik
Mehrjähriges Schachtelhalmgewächs (Equisetacea), ca. 30 bis 50 cm hoch.

Wurzel
Wurzelstock mit z.T. seitlichen kleinen Knollen, die ca. 30 bis 50 cm tief im Boden liegen.

Sporen
Bald nach der Schnee-

schmelze schiesst der Frühjahrstrieb wie Spargeln mit einem bleistiftdicken Stengel aus dem Boden, an dessen Spitze sich Sporen befinden. Diese Sporen bilden einen Vorkeim, auf dem sich männliche und weibliche Gameten entwickeln und befruchten. Anschliessend stirbt der Frühjahrstrieb ab, und der Sommertrieb, ähnlich einem ästig verzweigten Tannenbäumchen, kommt zum Vorschein.

Sporenreife
März bis April.

Arten
Von der Gattung der Schachtelhalme sind 24 Arten bekannt; in der Heilkunde wird aber nur der Acker-schachtelhalm verwendet. Häufig findet man im Waldboden auf nassen Stellen eine grössere, schmächtigere Art, den Waldschachtelhalm, Equisetum silvaticum. Ebenfalls im Wald verteilt wächst der Winterschachtelhalm (Equisetum hiemale), der keine Äste aufweist. Er überdauert, wie sein Name sagt, die kalte Jahreszeit mit grünen Sprossen. In Sumpfnähe und an Ufern wächst der Sumpfschachtelhalm

Equisetum palustre, am Teich der Teichschachtelhalm Equisetum heleodiaris. In Alpennähe finden wir den alpinen Schachtelhalm Equisetum hippuris, der wie kleine Tannenbäumchen mit nach unten gebogenen Ästen aussieht.

Standort
Auf sandigem, lehmigem Boden, in nassen Äckern und Wiesen, an Waldrändern, Strassengräben

Spitzwegerich

(Plantago lanceolata L.)

und Eisenbahndämmen bis auf eine Höhe von 2500 m.

Verwendeter Teil

Ganzes Kraut ohne Wurzeln. Ab September bildet sich häufig auf der Pflanze ein Pilzbefall, Ustilago Equiseti, der als brauner Begleiter in Erscheinung tritt. Dieser Pilz könnte bei arzneilicher Verwendung zu Störungen führen; daher sollte man nur das Kraut vom Frühjahr und Sommer verwenden.

Wirkstoffe

Wenn man den Schachtelhalm auf einem Platinblech verglühen lässt, so bleibt ein zartes, glasartiges Skelett von Kieselsäure zurück. Der Gehalt kann von 3—16% ansteigen. Ausserdem finden wir in der Pflanze organische Säuren wie Oxalsäure, Equisetsäure, etwa 5% Saponin als Equisetonin, Eisen, Schwefel und Mangan.

Wirkung

Infolge des hohen Kieselsäuregehaltes zeigt die Pflanze gute Wirkung zur Verdichtung des Gewebes bei Lungenerkrankungen. Ein anderer, noch nicht vollständig erforschter Wirkstoff erhöht die Harnabgabe bis zu einem Drittel und fördert auch die Blutgerinnung. Ansonsten wirkt die Pflanze verdichtend, blutstillend, diuretisch und wundheilungsfördernd.

Anwendung: Der *Tee* als Aufguss des Krautes (siehe Seite 11) leistet gute Dienste bei Lungenerkrankungen, indem die Kieselsäure das Lungengewebe festigt, ausserdem bei Wassersucht, Nierenleiden, Gicht, Blasenleiden und schmerzhaftem Urinieren. Nach dem Genuss von Schachtelhalmtee wird der Urin oftmals dunkel gefärbt, ein Zeichen, dass allerhand Stoffe ausgeschieden werden. Das *Fussbad* (siehe Seite 13) mit Schachtelhalm wirkt gegen Fussschweiss. *Umschläge* mit Schachtelhalmabsud sind geeignet bei Flechten und Ekzemen. *Kosmetik:* Eine Kopfspülung mit Schachtelhalmabsud (siehe Seite 13) stärkt das Haar und den Haarboden, besonders bei trockenem und fettem Haar. Bei Hautunreinheiten, unreinen Poren und Mitessern im Gesicht macht man täglich eine Schachtelhalm-*Kompresse* (siehe Seite 13).

Vorsicht: Längere Zeit darf der Schachtelhalm nie allein innerlich eingenommen werden, da Nierenreizungen auftreten könnten. Das Kraut wird deshalb mit Birkenblättern oder Pfefferminze zu gleichen Teilen gemischt.

Jede Pflanze trägt ein eigenes Wappenschild. Das Fünffingerkraut unterschreibt mit einer gespreizten Hand, der Schachtelhalm signiert mit einem Pferdeschwanz, und der Spitzwegerich hat das Siegel einer Fussstapfe: Er gleicht einer länglichen Fussohle.

Nomenklatur

Plantago lat. Fussohle, lanceolata = lanzettförmige Blätter, Wegerich (aus Reiks altgermanisch = Herrscher) bedeutet Wegelagerer, Herrscher am Weg.

Volksnamen

Nervenkraut, Wegebreit, Wegtritt, Hundsrippe, Ripplichrut, Heilwegerich, Wundwegerich, Aderchrut, Ballenblätter, Lungenblatt.

Botanik

Mehrjähriges Wegerichgewächs (Plantaginacea), ca. 30 bis 40 cm hoch.

Wurzel
Kurzer Wurzelstock mit zahlreichen Faserwurzeln.

Blatt
Zu Beginn des Wachstums liegen die 3- bis 5nervigen, spitzigen Blätter in einer Grundrosette am Boden. Mitten drin steigt ein aufrechter Stengel ca. 20 bis 40 cm hoch, der am Ende eine Blüte trägt.

Blüte
Der ährenartige Blütenschaft trägt aushängende Staubeutel von gelblich-weisser Farbe.

Blütezeit
Mai bis September.

Arten
Der Spitzwegerich und seine Verwandten sind Wegelagerer, Zigeuner unter den Kräutern. Sie leben in einer eigenen Familie, von der wir mehrere Arten unterscheiden Plantago major, der Grosse Wegerich, hat breite, siebenfurchige, langgestielte Blätter mit einem glatt-runden Blütenschaft, der violette Staubbeutel trägt. Plantago media, der Wiesenwegerich oder Mittlere Wegerich, hat kurzgestielte, breite Blätter und eine Blüte mit rosaroten Staubbeuteln. In den Bergen wächst der alpine Spitzwegerich, Plantago alpina, der grasartige Blätter trägt und sonst dem Spitzwegerich ähnlich sieht. Der Flohsamen oder Sandwegerich ist eine aus dem Süden stammende Pflanze mit dem Namen Plantago avenaria.

Standort
An harten Stellen am Weg, zwischen Pflastersteinen auf dem Hofraum, in Schutzplätzen und Wiesen bis über 2000 m Höhe. Der Indianer

nennt den Wegerich «Fusstritt des weissen Mannes» und schliesst auf die Anwesenheit eines Europäers. Der Pollenstaub klebt leicht an Kleidern und Schuhen und lässt sich so in andere Gebiete verbreiten.

Sammelzeit
Mai bis Juni.

Verwendeter Teil
Kraut und Blätter.

Wirkstoffe
Etwa 6,5% Schleimstoff, 1,8% Gerbstoff, 1,8% Glycosid (Aucubin), Bitterstoff, Zucker, ätherisches Öl, eine sehr wertvolle Chlorophyllart, Vitamin A, C, K, Phosphorsäure und Lab-Enzym.

Wirkung
Hustenlösend, schleimlösend, blutstillend, krampflösend, fiebersenkend, magenstärkend und wundheilend. Selbst verwundete Gemsen wissen um die heilende Kraft des Wegerichs und legen sich nach Verletzungen mit Vorliebe auf den Alpenwegerich.

Anwendung: *Tee* als Aufguss der Blätter (siehe Seite 11) bei Husten, Verschleimungen und Bronchialkatarrh. Gegen Husten und Verschleimungen wird die *Tinktur* der Spitzwegerich-blätter (siehe Seite 12) verwendet. *Spitzwegerichsirup:* gegen Husten. Es werden ca. 2 cm hoch geschnittene Spitzwegerichblätter in eine Flasche gefüllt und mit etwas Rohrzucker überdeckt. Über Nacht löst sich der Zucker mit dem Saft der Blätter auf, so dass die Blatteile zusammenfallen. Täglich wiederholt man dieses Aufeinanderschichten mit Blättern und Zucker, bis das Gefäss gefüllt ist. Anschliessend wird es verschlossen ca. 1 bis 2 Monate an einen Ort mit gleichbleibender Wärme gebracht. Nach dieser Zeit wird abgepresst und kurz aufgekocht, schliesslich in Flaschen abgefüllt. Der *Pressaft* der Blätter (siehe Seite 12) eignet sich vorzüglich bei Lungen-, Magen- und Darmerkrankungen sowie bei schleimigen Durchfällen, Blasenschwäche, Husten, Katarrh und Verdauungsstörungen. Die *Auflage* (siehe Seite 13) mit frischen Spitzwegerichblättern heilt Wunden, Verletzungen und Insektenstiche. *Wildkräuterküche:* Die jungen Blätter unserer Wegericharten, besonders vom Spitzwegerich, wurden in Notzeiten häufig zur Streckung der Salate herangezogen oder wie Spinat zubereitet.

Kamille

(Matricaria chamomilla L.)

«Um des Leibes Wohl zu stillen, schuf der Herrgott die Kamillen» (Karl Heinz Waggerl). Die Kamille ist in erster Linie ein Mutterkraut, wie die botanische Bezeichnung es ausdrückt.

Nomenklatur

Matricaria lat. mater = Mutter, chamomilla griech. chamai = niedrig wachsender Apfel (Form der Blüte), Kamille = Ableitung von chamai.

Volksnamen

Mütterkraut, Laugenblume, Hermelin, Apfelblümchen, Mariamagdalenakraut.

Botanik

Einjähriges Korbblütengewächs (Composita), 30 bis 50 cm hoch.

Wurzel
Dünne Pfahlwurzel.

Blatt
Die Blätter sind doppelfiederspaltig, schmal, fadenförmig und wachsen an einem 20 bis 40 cm hohen Stengel, der sich ästig ausbreitet.

Blüte
Endständig erscheinen einzelne halbkugelige, innen hohle, weisse Strahlenblüten. Wenn man die Blüte längs zerschneidet, kann man sie gut von der unwirk-

samen Hundskamille unterscheidet: Die echte Kamille mit dem balsamischen Duft hat einen hohlen Blütenboden, die geruchlose Hundskamille aber ist markig ausgefüllt. Die Verbreitung der Pflanze wird durch Tiere gewährleistet, welche die feinen Blütenkörbchen fressen und den unverdauten Samen wieder von sich geben.

Blütezeit
Mai bis September.

Arten
Von der Gattung Chamomillae unterscheidet man mehr als 20 Arten, zuerst die echte Kamille mit dem hohlen Blütenboden und dem feinen Geruch. Als zweites die Hundskamille (Anthemis arvensis) ohne Geruch und mit markigem Blütenboden, die falsche, geruchlose Kamille (Matricaria inodora), die der Hundskamille ähnlich ist, aber höher wächst. Ferner kennt man die strahlenlose Kamille (Matricaria discoicea), welche keine Blütenblätter trägt und klein von Gestalt ist, schliesslich die römische Kamille (Anthemis nobilis oder Chamomillae romanae); sie ist mehrjährig und gedeiht vorwiegend in Bauerngärten.

Standort
Im Acker, an Wegrändern,

Kamille Blütenform:
Echte Kamille mit hohlem Blütenboden

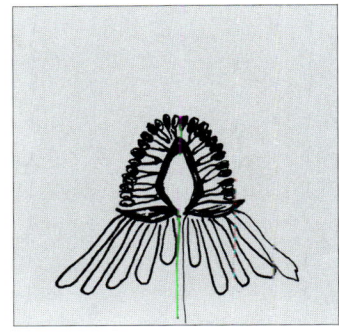

Unechte Kamille mit markig ausgefülltem Blütenboden

Schuttplätzen, Ödstellen, in Weinbergen und auf Mauern bis auf 1600 m Höhe.

Sammelzeit
Mai bis August.

Verwendeter Teil
Blütenköpfe der echten Kamille.

Wirkstoffe
Der wirksamste Bestandteil der Kamille ist das dunkelblaue, ätherische Öl Azulen, welches schon im Jahre 1588 bekannt war. Ferner findet man in der Blüte Bitterstoff, Flavonglycosid, Cholin, Phytosterin, Salicylsäure, Schwefel und Calcium.

Wirkung
Die Kamille ist einer der vierzehn Nothelfer in unserer Hausapotheke. Auch die Eidechse weiss um die besondere Wirkung der Pflanze; wenn sie im Streit mit der Schlange verletzt wird, legt sie sich mit Vorliebe auf die Kamille, die entzündungshemmende, desinfizierende, krampflösende, schmerzlindernde, beruhigende und Verhärtungen erweichende Eigenschaften hat.

Anwendung: *Tee* als Aufguss der Blüten (siehe Seite 11) bei Magenkrämpfen, schmerzhafter Periode, Blähungen, Durchfall, Brechreiz, Entzündungen in Mund und Rachenhöhle. Die Kamille wird häufig auch als Bademittel eingesetzt. Wohltuend, schmerz- und krampflösend, belebend und stärkend zugleich sind *Vollbäder* (siehe Seite 13), denen man Kamillenabsud zugibt. Bei Schnupfen, Nebenhöhlenkatarrh ist es ratsam, den Kamillendampf einzuatmen. *Kosmetik:* Spülungen mit Kamillenabsud und Zitronensaft hellen blondes Haar auf. Das *Gesichtsdampfbad* (siehe Seite 14) mit Kamillenblüten eignet sich bei trockener, spröder Haut und zur Reinigung.

Salbei

(Salvia officinalis L.)

«Warum soll sterben ein Mensch, in dessen Garten die Salbei wächst?», will ein alter Vers aus der Ärzteschule von Salerno wissen. Die Salbei hat besondere Heilkräfte in sich, was die botanische Bezeichnung deutlich ausdrückt.

Nomenklatur
Salvia lat. salvare = heilen, officinalis = Heilmittel, Salbei = Ableitung von salvia.

Volksnamen
Müsliblätter, Königssalbei, Sophie, Chüechlichrut, Kreuzsalbei, Salbine, Altweiberschmecken.

Botanik
Mehrjähriges Lippenblütengewächs (Labiata), ca. 30 bis 50 cm hoch.

Wurzel
Kurzer Wurzelstock, holzig.

Blatt
Die Blätter am 30 bis 50 cm hohen Halbstrauch mit den vierkantigen Stengeln sind elliptisch, länglich, dicht filzig behaart, grünlichgrau, gegenständig. Rückseite stark ausgeprägte Blattrippen.

Blüte
Lippenblüte hellblau bis violettblau mit kurzer Oberlippe an einer Scheinähre.

Blütezeit
Mai bis Juli.

Arten
Im Unterschied zur Gartensalbei finden wir in Wiese und Feld die Wiesensalbei (Salvia pratensis), deren Blüten ein merkwürdiges Schlagwerkzeug besitzen. Dieses Schlagwerkzeug arbeitet nach einem äusserst genauen Hebelgesetz. Den Mechanismus kann man am

Salbei: Hebelgesetz der Blüte

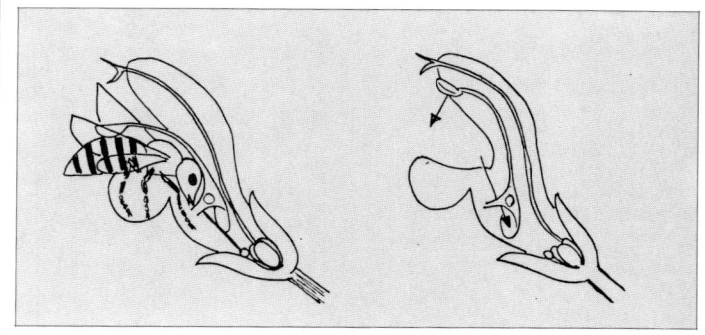

besten erkennen, wenn eine Hummel oder eine Biene bei der Wiesensalbei auf Nektarsuche geht. Sobald das Insekt in die Lippenblüte eingedrungen ist, senkt sich nach der Berührung des Rüssels mit dem hinteren kurzen Hebelarm des Staubblattes der längere Teil des Hebels und streift mit dem Blütenpollen den Rücken des Insekts. Mit diesem Vorgang tragen die Insekten bei der Nahrungssuche Pollen auf andere Blüten und sichern der Pflanze ihre Fremdbestäubung und Weiterentwicklung. Diese Hebelbewegung lässt sich auch mit einem Grashalm leicht nachvollziehen.

Standort
In der Heimat der Salbeipflanze, im Mittelmeergebiet, tritt sie an trockenen Kalkhängen auf. In Mitteleuropa wird die Pflanze als Gewürz-, Heil- und Bienenfutterpflanze im Garten angepflanzt.

Sammelzeit
Mai bis Juni.

Verwendeter Teil
Blätter.

Wirkstoffe
Ätherisches Öl, bestehend aus Cineol, Thyjon, Pinen, Borneol, Kampfer, Salven und Salviol, ferner findet

man Asparagin, Glutamin, Glycosid und Saponin.

Wirkung
Entzündungswidrig, antiseptisch, fungizid, schweisshemmend.

Anwendung: Der *Tee,* als Aufguss (siehe Seite 11) der Blätter, ist ein beliebtes Volksheilmittel und findet Verwendung bei Fieber, Grippe, Erkrankungen der Harnwege, Schweissausbruch, Nachtschweiss, zum Abstillen, bei Magenverschleimung, Blähungen, Magen-Darm-Beschwerden und Wechseljahrbeschwerden. Die *Salbeitinktur* (siehe Seite 12) der frischen Salbeiblätter dient als Gurgelmittel bei entzündetem Rachen, Hals und Mund sowie bei Zahnfleischentzündung; äusserlich angewandt, verdünnt in Wasser, heilt die Tinktur nässende Ekzeme und Wunden. *Wildkräuterküche:* Die jungen, frischen Salbeiblätter können im Mai / Juni in Omelettenteig eingerollt und im Fett golden gebraten werden — eine herrliche Kräuterdelikatesse, die im Volk als «Salbeimüüsli» bekannt ist. *Gewürz:* Wer mit Liebe kocht, würzt mit Salbei — aber mit Mass: Gänsebraten, Schweinebraten, Kaninchen, Hammel, Fisch, Geflügel, Leber, Eier, Salate. *Kosmetik:* Sal-

beitee als Spülung macht das Haar glänzend, das Gesichtsdampfbad (siehe Seite 14) mit Salbei heilt entzündete Hautstellen aus.

Rosmarin
(Rosmarinus officinalis L.)

Mit grosser Begeisterung beschreibt Pfarrer Sebastian Kneipp die Hochzeitsbräute, die zu seiner Zeit mit Rosmarinzweigen als Festtagsschmuck zum Altar schritten. War es wohl der wohlriechende Duft des Rosmarins, der die Brautleute an diesem Tage so glücklich stimmte?

Nomenklatur
Rosmarinus lat. rosa marinus = Meertau (Rose am Meer), officinalis = Heilmittel.

Volksnamen
Hochzeitsmaien, Röselimarie, Maria Reinigung, Meertau, Weihrauchkraut, Kid, Brautkraut, Antonskraut.

Botanik
Mehrjähriges Lippenblütengewächs (Labiata), ca. 50 bis 200 cm hoch.

Wurzel
Verholzter Wurzelstock, aufsteigende, verholzte Äste mit schuppiger, borkiger Rinde.

Blatt
Nadelförmig, ca. 1½ bis 3 cm lang, 1½ bis 2½ mm breit, Oberseite grün, Unterseite filzig grau, nach unten eingerollt.

Blüte
In zwei- bis zehnblütigen Büscheln auf den Blattachseln, blassblau bis lilablau, ca. 1 cm grosse Lippenblüte. Die ganze Pflanze hat einen stark aromatischen Geruch.

Blütezeit
März bis Mai.

Standort
Kräutermönche haben die Pflanze aus dem Mittelmeergebiet zu uns gebracht, wo sie seither im Garten an sonnigen Stellen angepflanzt wird. Der Rosmarin muss vor Schafen gesichert bleiben, da diese ihn gierig fressen. Die Pflanze ist sehr frostempfindlich.

Sammelzeit
Mai bis August.

Verwendeter Teil
Blätter.

Wirkstoffe
Ätherisches Öl aus Cineol, Borneol, Campher, Bornylacetat, Terpenen, Terpineol., 8% Gerbstoff, Flavonoide, Glycolsäure, Carbonsäure.

Wirkung
Desinfizierend, hautreizend, galle- und harntreibend, antiseptisch, krampflösend, tonisch.

Anwendung: *Tee* als Aufguss der Blätter (siehe Seite 11) bei Herzwassersucht,

Rosskastanie

(Aesculus hippocastanum L.)

nervösen Herzbeschwerden, stockender Periode, Appetitlosigkeit, Kreislaufschwäche, niedrigem Blutdruck, Schwäche. *Tinktur* der Blätter (siehe Seite 12) äusserlich zum Einreiben bei Rheuma, Nervenschmerzen und Migräne, innerlich bei Kreislaufschwäche, niedrigem Blutdruck, schlechtem Appetit, nervösen Herzbeschwerden, Blähungen, Krämpfen und Schwäche. *Wein:* 1 bis 2 Handvoll Rosmarinblätter in einem Liter weissem Süsswein eine Woche lang ansetzen, filtrieren und täglich ein Likörglas zweimal nach dem Essen einnehmen bei Menstruationsbeschwerden, Nervosität, Herzbeschwerden, Appetitlosigkeit. *Vollbad* mit Rosmarinblättern (siehe Seite 13) ist ein Lebenswecker, belebt und regt an. *Gewürz:* Rosmarinblätter sind zu empfehlen zu Kartoffeln, Fondue, Omeletten, Kräuter-

saucen, Wild und Geflügel. *Kosmetik:* Das Gesichtsdampfbad mit Rosmarinblättern (siehe Seite 14) macht müde Haut munter, zart und weich und ist vor allem bei fettiger Haut angezeigt. Spülungen mit Rosmarintee geben dem Haar hellen Glanz.

Vorsicht: Überdosierungen mit Rosmarin sind schädlich und können zu Rauschzuständen und Krämpfen führen.

Die Rosskastanie, die Karl Clusius (1526–1609), ein französischer Arzt und Botaniker, im Jahre 1576 nach Wien brachte, von wo sie sich über ganz Mitteleuropa verbreitete, ist ein Baum der Kinder geworden. Alljährlich im Herbst schart sich die Jugend unter den mächtigen Bäumen und hält Ausschau nach den glänzenden Samenständen. Die Buben höhlen den Bauch der Frucht aus und stellen einfache Pfeifen her. Die Mädchen aber schmücken sich mit einer auffallenden Kette aus braunroten Rosskastanienfrüchten.

Nomenklatur
Aesculus lat. edere = essen, hippos griech. = das Pferd (Pferdefutter).

Volksnamen
Gichtbaum, wilde Kastanie, Pferdekastanie, Chestene.

Botanik
Mehrjähriges Kastaniengewächs (Hippocastanacea), bis 30 m hoch.

Wurzel
Kräftige Wurzeln, aus denen ein bis 30 m hoher Baum wächst, der bis 200 Jahre alt werden kann.

Blatt
Fünf- bis siebenzählig gefingert an einem rinnigen Stiel,

ca. 20 cm lang, Blatt ungleich kerbig gesägt.

Blüte
Weissröt ich oder rot in reichblütigen, pyramidenförm gen, aufrechten Rispen, meist mit 5 Kronblättern. Im Herbst wachsen daraus stachelige Früchte als grüne Kugeln. Das Innere birgt eine nussgrosse, dunkelbraun glänzende Frucht. Diese Früchte werden von Hirschen, Rehen und Wildschweinen mit Vorliebe gefressen.

Blütezeit
Mai bis Juni, Fruchtreife September bis Oktober.

Arten
Aesculus hippocastanum mit weiss-rötlichen Blüten; Aesculus pavia mit roten Blüten.

Standort
Wurde früher in Schlossgärten angepflanzt. beliebt als Schattenspender, heute als schnellwüchsiger Alleebaum, im Garten von Gasthäusern, bis auf 1200 m Höhe wachsend.

Sammelzeit
Blüten Mai bis Juni, Früchte September bis Oktober, Rinde im Oktober.

Verwendeter Teil
Blüten, Früchte und Rinde.

Schöllkraut

(Chelidonium majus L.)

Wirkstoffe
Blüte: Rutin, Quercetin, Adenosin. Frucht: Aesculin, Gerbstoff, Bitterstoff, Tannin, Saponin, Stärke und fettes Öl.

Wirkung
Blutstillend, entzündungshemmend, gefässverengend, absorbiert UV-Strahlen.

Anwendung: *Tee* als Aufguss der Blüten (siehe Seite 11) bei Hämorrhoiden, Krampfadern, Durchfall, zur Festigung der Venenwände, Darmentzündungen, Blutungen. Zur gleichen Heilanzeige ist die *Tinktur* (siehe Seite 12) der Blüten und Früchte angezeigt, ferner als Einreibemittel bei Rheuma und Gicht sowie bei Sonnenbrand. Die *Abkochung* (siehe Seite 11) der Rinde oder der Früchte kann bei Darmkatarrh, Durchfall, Hämorrhoiden, Krampfadern, Durchblutungsstörungen und Venenstauungen eingesetzt werden. Ein Vollbad mit der Abkochung von Rosskastanienblüten oder Früchten wirkt gegen Hautaffektionen, Rheuma, Gicht, Krampfadern und fördert den Blutkreislauf. *Kosmetik:* Das Gesichtsdampfbad mit Rosskastanienblüten (siehe Seite 14) wirkt gegen geplatzte Äderchen im Gesicht.

Aristoteles (384—321 v. Chr.), der als Vater der Naturgeschichte gilt, berichtet, die Menschen seien auf die Heilkraft des Schöllkrauts aufmerksam geworden, als sie beobachteten, wie die Schwalben ihren noch blinden Jungen den Milchsaft dieser Pflanze in die Augen träufelten. Darum steht im Wappenschild dieser Pflanze eine Schwalbe, wie aus der Nomenklatur ersichtlich wird.

Nomenklatur
Chelidonium griech. chelidon = Schwalbe (Heilmittel der Schwalben), majus = erhöht, gross (Wuchs). Schöllkraut ist sehr wahrscheinlich aus chelidon entlehnt.

Volksnamen
Gelbkraut, Geschwulstkraut, Teufelsmilchkraut, Warzenkraut, Schindkraut, Schwalbenkraut.

Botanik
Mehrjähriges Mohngewächs (Papaveracea), ca. 30 bis 70 cm hoch.

Wurzel
Kurzer, dicker Wurzelstock mit aufsteigenden, verzweigten, stielrunden Stengeln. Beim Abbrechen tritt ein gelber Milchsaft hervor, der an der Luft allmählich rot wird.

Wirkstoffe

Alkaloide (Spartein, Chelidonin, Homochelidonin, Chelerythrin, Protopin, Berberin und Sanguianarin), Saponin, Flavonoide, Enzym und organische Säuren.

Wirkung

Krampflösend, schmerzstillend, desinfizierend gegen Staphylokokken (Eiter), fördert die Gallensekretion.

Anwendung: *Tee* als Aufguss des Krautes (siehe Seite 11) bei Gallenblasenentzündung, Leber-/Gallenleiden, evtl. mit Pfefferminze zu gleichen Teilen vermischt. *Kosmetik:* Frischer Milchsaft zum Betupfen von Warzen, die nach täglicher Anwendung verschwinden.

Vorsicht: Schöllkraut in grossen Dosen führt zu Vergiftungen!

Johanniskraut

(Hypericum perforatum L)

Zur Zeit der stärksten Lichtstrahlung im Sommer blüht überall an den Wegrändern das Johanniskraut, welches seinen Namenspatron Johannes den Täufer am 24. Juni mit der leuchtend gelben Blütenpracht grüsst und ehrt.

Nomenklatur

Hypericum griech. hyper = über, ereike = Heide (in der Heide wachsend), perforatum = perforiert (durchbohrte Blätter), Johannskraut, weil um den 24. Juni die Blüten erscheinen.

Volksnamen

Hartheu, Johannisblut, Herrgottsblut, Christi-Wundkraut, Gottes Gnadenkraut, Dunderblume, Hartenau.

Botanik

Mehrjähriges Johanniskrautgewächs (Hypericacea) ca. 50 cm hoch.

Wurzel
Weitverzweigter Wurzelstock.

Blatt
Elliptisch, eiförmig, länglich, lineal gegenständig, im Blattgewebe durchscheinende Punktierung (Hypericinspeicherzellen).

Blüte
Die Blüten stehen endständig in 40 bis 50 cm Höhe an Trugdolden mit fünf gold-

Blatt
Wechselständig, weichhaarig, fiedrig gelappt.

Blüte
Goldgelb, in doldigen Blütenständen mit vier Kronblättern und vielen Staubgefässen. Bildet später eine linealische Fruchtkapsel mit schwarzen Samen, die von Ameisen verschleppt werden.

Blütezeit
Mai bis Juni.

Standort
Auf Schuttplätzen, Ödstellen, an Mauern, in Hecken, bis 1500 m Höhe.

Sammelzeit
Mai bis Juni.

Verwendeter Teil
Ganzes Kraut vor der Blüte.

gelben Kronblättchen auf spitzen grünen Kelchen. Aus ihrer Mitte ragen bräunliche Staubfäden.

Blütezeit
Juni bis August.

Arten
In der Schweiz wachsen 19 Johanniskrautarten. Jene, die in den Sümpfen vorkommen, sind für Heilzwecke weniger geeignet. Das heilkräftigste Johanniskraut erkennt man an seinem Blut (roter Farbstoff Hypericin). Zerdrückt man die fünfblättrigen gelben Blüten zwischen den Fingern, strömt ein tiefroter Saft hervor. Dies ist das Echtheitszeichen für die heilkräftigen Johannisblüten.

Standort
Das Johanniskraut wächst gerne an sonnigen Weg- und Waldrändern, an Sonnenrainen, in Äckern und Bergwiesen.

Sammelzeit
Juli bis August.

Verwendeter Teil
Blüten und Blätter.

Wirkstoffe
Roter Farbstoff Hypericin (erstmals im Jahre 1830 isoliert), Gerbstoff, ätherisches Öl, Flavonglycosid, Phytosterin.

Wirkung
Wundheilend, schmerzstillend, zusammenziehend, beruhigend, krampflösend und blutreinigend.

Anwendung: *Tee* als Aufguss der Blüten und Blätter (siehe Seite 11) bei Nervenleiden, geistiger Überanstrengung, Schlaflosigkeit, Gallenstauungen, zur Blutreinigung und Bluterfrischung. Zur Wundbehandlung bereitet man aus den frischen Johannisblüten und den jungen Blütentrieben das *Johannisöl* zu: 100 g frische Blüten werden in 250 g Olivenöl während drei Wochen an die Sonne gestellt und anschliessend abgepresst. Dieses Öl wird durch den Auszug des Hypericins rot gefärbt. Es eignet sich als Einreibemittel bei Brandwunden, Bluterguss, Quetschungen und Verletzungen sowie als Schutz gegen Sonnenbrand. Das Hypericin im Johannisöl wirkt als Lichtfilter, verhütet Verbrennungen und fördert die Hautbräunung. *Kosmetik:* Das Gesichtsdampfbad (siehe Seite 14) oder die Kompresse (siehe Seite 14) mit Johannisblüten ist ein Erfrischungs- und Belebungsmittel für fette und unreine Haut.

Weisse Taubnessel

(Lamium album L.)

Die Taubnessel gleicht der Brennessel, und nur Kenner können sie vor der Blütezeit unterscheiden. Sobald aber die Lippenblüten mit ihren überhängenden Dächern erscheinen, kennt die Taubnessel, ob weiss, gelb oder rot, jedes Kind. Tief im Innern der Blüte klebt ein honigartiger Nektar, den die Kinder gerne aussaugen — darum auch die volkstümliche Bezeichnung «Saugnessel».

Nomenklatur
Lamium griech. lamos = Schlund, Rachen (Blütenform), album = weiss; Taubnessel, weil die Laubblätter jenen der Brennessel ähnlich sind, aber nicht brennen, also «taub» sind.

Volksnamen
Bienensaug, Kuckucksnessel, Sugerli, Saugnessel, tote Nessel, Wurmnessel, Blumennessel.

Botanik
Mehrjähriges Lippenblütengewächs (Labiata), ca. 20 bis 40 cm hoch.

Wurzel
Verzweigter Wurzelstock mit Ausläufern und ca. 20 bis 40 cm aufsteigenden, behaarten, vierkantigen, wenig verzweigten Stengeln.

Blatt
Kreuzgegenständig, herzeiförmig, lang zugespitzt, grob gesägt, kurzstielig.

Blüte
Sitzt in Quirlen zu 6 bis 16 Lippenblüten und hat eine weisse Krone mit grossen Oberlippen.

Blütezeit
Mai bis August.

Arten
Gelbe Taubnessel oder Gold-Taubnessel (Lamium galeobdolon), mit gelben Lippenblüten; purpurrote Taubnessel (Lamium purpureum) mit roten Blüten. Beide Arten können medizinisch verwendet werden, sind aber weniger wirksam als die weisse Taubnessel.

Standort
An Hecken, Wegrändern, Lagerplätzen bis 2200 m Höhe.

Sammelzeit
Mai bis August.

Verwendeter Teil
Ganzes Kraut ohne Wurzeln.

Wirkstoffe
0,5% ätherisches Öl, Gerbstoff, Flavonoide, Saponine, Schleim, Zucker, Alkaloid Lamiin, Cholir .

Storchenschnabel, Ruprechtskraut

(Geranium robertianum L.)

Wirkung
Reguliert die Darmtätigkeit, blutreinigend, blutstillend, entzündungshemmend, reguliert die Menstruation.

Anwendung: *Tee* als Aufguss des Krautes (siehe Seite 11) zur Regulierung des Darms bei Durchfall und Verstopfung, bei Weissfluss, Störungen der monatlichen Regel, verfrühter Menstruation, bei schmerzhaftem Wasserlösen, Harnzwang, Erkrankungen der Harnwege, Blasenentzündung, Blutarmut.
Wildkräuterküche: Die Blätter der weissen, gelben und roten Taubnessel sind ein beliebtes Spinatgemüse.

Da der heilige Robert oder Ruprecht, Erzbischof von Salzburg und Stifter der Zisterzienserordens, den medizinischen Gebrauch des Storchenschnabels gelehrt haben soll, wurde die Pflanze Ruprechts- oder Robertskraut genannt, daher auch der lateinische Artname robertianum.

Nomenklatur
Geranium griech. geranos = Kranich (Kranichschnabel), robertianum nach Robert, Erzbischof von Salzburg, genannt, Storchenschnabel = Früchte ähnlich einem Storchenschnabel.

Volksnamen
Geranienkraut, Kopfwehblüemli, Rotlaufkraut, Wäntelebruet, Wanzenkraut, Gottesgab.

Botanik
Einjähriges Storchenschnabelgewächs (Geraniacea), 14 bis 50 cm hoch.

Wurzel
Schwach verzweigte Pfahlwurzel mit sparrig verzweigten, weichhaarigen, saftreichen, aufsteigenden Stengeln, die an den Gelenken leicht abbrechen.

Blatt
Gegenständig, weichbe-

haart, zweifach fiederschnittig geteilt, oft leuchtend karminrot gefärbt.

Blüte
Rosarote Blüten mit fünf freien Kronblättern, die Früchte sind schnabelförmig zugespitzt (Storchenschnabel). Die Fortsätze der Teilfrüchte, die mit steifen Haaren besetzten Grannen, sind ein kleines Barometer: Bei Trockenheit rollen sie sich spiralig zusammen, bei feuchtem Wetter strecken sie sich. Durch diese Bewegung wandern die Früchte und bohren sich in die Erde. Die ganze Pflanze hat einen

herb-aromatischen Geruch und Geschmack.

Blütezeit
Mai bis Oktober.

Standort
An Mauern, an Felsen, im Waldboden, auf Äckern bis 1800 m Höhe.

Sammelzeit
Mai bis August.

Verwendeter Teil
Blühendes Kraut.

Wirkstoffe
Gerbstoff, ätherisches Öl, Bitterstoff.

Hirten-täschelkraut

(Capsella bursa-pastoris L.)

Je mehr das Hirtentäschel zertreten, misshandelt und zerstampft wird, desto zäher klammert es sich an den Boden. Nie sieht man es im Sonntagskleid; meist ist es zerzaust, verstaubt und beschmutzt, von den Menschen als Unkraut verschrien. Es birgt aber grosse Heilkräfte, und wer es kennt, schätzt den kleinen «Lazzarone» als grosse Autorität unter den Heilpflanzen.

Nomenklatur
Capsella lat. capsa = die Tasche (Frucht der Pflanze), bursa pastoris lat. = Tasche (Börse) des Hirten. Hirtentäschel wegen der taschenähnlichen Form der Früchte.

Volksnamen
Medikus, Schüfelichrut, Täschelkraut, Himmels-mutterbrot, Bureschinke, Taschendieb, Bauernsenf.

Botanik
Ein- bis zweijähriges Kreuz-blütengewächs (Cruci-fera), 10 bis 60 cm hoch.

Wurzel
Spindelförmig.

Blatt
Zuerst vielblättrige Grund-rosette, aus der sich später ein wenig verzweigter Blühstengel bildet. Die

Wirkung
Blutstillend, stopfend, leicht harntreibend, wund-heilend.

Anwendung: *Tee* als Auf-guss des Krautes (siehe Seite 11) bei Durchfall. *Bademittel* (siehe Seite 13) mit dem Kraut bei Aus-schlag, Ekzem und schlecht heilenden Wunden. Die *Tinktur* des Krautes (siehe Seite 12) kann bei Ekzem, Nervenentzündung und Ausschlag eingerieben werden.

Blätter sind wechsel-
ständig, die oberen unge-
teilt ganzrandig, die
unteren meist gelappt.

Blüte
Traubiger Blütenstand mit
vier kleinen Kronblättern,
weiss, ca. 3 bis 4 mm gross.
Die Pflanze kann im Jahr
bis zu 60 000 Samen
hervorbringen. Die Frucht
ist gestielt, 6 bis 15 mm
lang, dreieckig, verkehrt
herzförmig (taschenförmig).

Blütezeit
Ganzes Jahr.

Standort
Bis 2000 m Höhe an
Schuttplätzen im Ödland,
in Äckern und Wiesen, im
Garten als Unkraut.

Sammelzeit
März bis August (im Herbst
Pilzbefall Uromyces
thlapsi).

Verwendeter Teil
Kraut.

Wirkstoffe
Cholin, Flavonoide, Amine,
Thyramin, Mineralsalze.

Wirkung
Gefässverengend, blut-
stillend, abführend,
erhöht die Darmspannung.

Anwendung: *Tee* als Aufguss des Krautes (siehe
Seite 11) bei starken Perio-
denblutungen, Hämorrho-
idalblutungen, Nasenblu-
ten, Zahnbluten, regt die
Darmmuskulatur an bei er-
schlaffter Darmperistaltik
(wurde früher als Wehen-
mittel verwendet). Zur
gleichen Heilanzeige kann
auch die *Tinktur* des
Krautes (siehe Seite 12)
verwendet werden, äusser-
lich bei Sehnenscheiden-
entzündung und Läh-
mungen.

Linde

(Tilia cordata Miller)

Die Linde galt früher als
Schicksalsbaum. Am Tag
der Geburt eines Stamm-
halters pflanzte der
glückliche Vater, ob Klein-
bauer oder feudaler
Schlossherr, eine Linde.
Noch heute stehen die Jahr-
hunderte alten Linden auf
Dorfplätzen, bei Kirchen
und am Brunnen. Unter
diesem mächtigen Baum
versammelten sich die Menschen, um Recht zu spre-
chen, um Geschichten zu
erzählen oder Feste zu
feiern.

Nomenklatur
Tilia griechisch tilos = Bast
(bastähnliche Fasern),
cordata lat. = herzförmig
(Blätter), Linde aus Lein
(Gebrauch des Bastes).

Volksnamen
Kleinblütige Linde, Stein-
linde, Bastholz.

Botanik
Mehrjähriges Lindenge-
wächs (Tiliacea), ca. 18 bis
24 m hoch.

Wurzel
Starke, breite Wurzeln,
aus denen sich ein Baum
mit glattbrauner Rinde erhebt, der bis 1000 Jahre
alt werden kann.

Blatt
Wechselständig, breit-
herzförmig mit gesägtem
Rand, unterseits rost-
farbene Haarbüschel.

Blüte
Blüht erst nach dem 20.
bis 30. Lebensjahr,
fünf bis elf Blüten sitzen am
Stiel, pergamentartiges
lanzettliches Tragblatt, die
Blüten tragen fünf kleine,
grünlich weisse Kelchblätter
und fünf gelblich weisse
Kronblätter sowie viele
Staubblätter.

Blütezeit
Juni bis Juli.

Arten
Tilia platyphyllos, Sommer-
linde, grossblättrige Linde,
hat grössere Blätter mit weissen Haarbüscheln in den
Nervenwinkeln, drei bis
sechs Blüten pro Stand,
blüht vor der Winterlinde.

Standort
Im Gebüsch, im Laubwald,
in Gärten und Parks, als
Alleebaum.

Sammelzeit
Juni bis Juli.

Verwendeter Teil
Blüten.

Wirkstoffe
Ätherisches Öl (Farnesol),
Schleim, Saponin,
Gerbstoff, Gummi, Farb-
stoff (Hesperidin), Vitamin
C und P, Tartrate, Malate.

Wirkung

Schweisstreibend, leicht abführend, schmerzlindernd, krampflösend.

Anwendung: *Tee* als Aufguss der Blüten (siehe Seite 11), als schweisstreibendes Mittel und Durststiller. Tee gemischt zu gleichen Teilen mit Holunderblüten bei Fieber, Grippe, Erkältung als Schwitztee. *Kosmetik:* Die Lindenblüte ist eines der besten Kosmetikkräuter, sanft bleichend, reinigend, lässt Sommersprossen verschwinden, wirkt antiseptisch. Man verwendet hiezu die Blütenkompresse (siehe Seite 14). *Wildkräuterküche:* Im Hochsommer, solange die Lindenblütenblätter noch mild und zart sind, kann man ein gewaschenes Blatt zwischen Sandwiches legen, mit Butter, Zitronensaft und Worcestershire Sauce.

Quendel, Wilder Thymian, Sandthymian

(Thymus serpyllum L.)

Sind Sie ein Thymianfreund? Wenn nicht, dann sollten Sie es umgehend werden, denn sowohl der Gartenthymian wie auch der wilde Thymian, der Quendel heisst, bergen erfrischende und stärkende Kräfte. Dies deutet die griechische Bezeichnung «Thymos» an.

Nomenklatur
Thymos griech. = «die Kraft» (kräftigende Heilpflanze), serpyllum aus lat. serpere = kriechen (am Boden kriechend). Thymian ist eine Ableitung von Thymos.

Volksnamen
Wilder Masero, Geissmajoran, Feldthymian, Marienkraut, wilder Zimt, niederer Kasper, Wurstkraut, Küttelkraut, Marienbettstroh, Hühnerquendel.

Botanik
Mehrjähriges Lippenblütengewächs (Labiata), ca. 10 bis 20 cm hoch.

Wurzel
Kleiner, verholzter Wurzelstock mit Ausläufern.

Blatt
An vierkantigen Stengeln, die dünn und holzig sind, wachsen gegenständig 5 bis 15 mm lange, linear rundliche Blätter, die am Blattgrund mit Öldrüsen versehen sind (Lupe).

Blüte
Eine eiförmige Ähre mit mehreren duftenden Lippenblüten von dunkelpurpurroter bis hellroter Farbe. Die Blüten sind eine gute Bienenweide; mit Geruch und Farbe locken sie die Insekten zur Fremdbestäubung an.

Blütezeit
Juni bis September.

Arten
Im Gegensatz zum Quendel (Wilder Thymian) wird im Garten der echte Gartenthymian (Thymus vulgaris) angebaut, eine Pflanze, die aus dem Mittelmeergebiet von den Benediktinermönchen um 800 n.Chr. zu uns gebracht wurde und sich durch Teilung der Stöcke stark verbreitet hat. Der Thymian ist ein 20 bis 30 cm hoher Strauch mit einer kräftigen Pfahlwurzel (frostempfindlich). In der Verwendung unterscheiden sich Gartenthymian und Quendel nicht.

Sammelzeit
Juni bis September.

Verwendeter Teil
Ganzes Kraut ohne Stengel und Wurzeln.

Wirkstoffe
0,15–0,6% ätherisches Öl aus Zymol, Thymol und Carvacrol (nach Zitronen und Kampfer duftend), ferner Saponin, Bitter- und Gerbstoff, Eisen und Kalk.

Wirkung
Das ätherische Öl des Quendels ist «ein Antisepticum für arme Leute». Seit alter Zeit weiss man, dass dieses Kraut Bazillen und Viren abtötet. Auch die Ameisen scheinen diese Eigenschaft zu kennen, darum bauen sie das Kraut über ihren Wohnungen an, um den Staat vor Viren- und Bakterienbefall zu schützen. Der Quendel ist eine schleimlösende Heilpflanze.

Anwendung: Der *Tee* als Aufguss des getrockneten Krautes (siehe Seite 11) bekämpft Erkrankungen der Atemwege und Bronchien, hauptsächlich bei Husten, Keuchhusten, Heiserkeit. Quendel ist aber auch ein vorzügliches Mittel bei Blasenleiden und Blutarmut. Bei Husten und Keuchhusten der Kinder macht man mit dem frischen oder getrockneten Kraut einen *Sirup* (siehe Seite 12). Zur Stärkung des Magens und der Nerven kann man den Quendel oder den Gartenthymian als *Tinktur* einnehmen (siehe Seite 12). Bei äusserlicher Anwendung hilft die verdünnte Quendeltinktur als Einreibemittel gegen Rheuma und Zahnschmerzen. Als

Badezusatz (siehe Seite 13) dient der Quendel zur Gliederstärkung und bei rheumatischen Erkrankungen, aber auch schwächlichen Kindern zur Nervenstärkung und bei Ausschlägen. Die *Salbe* (siehe Seite 13) mit frischem Quendelkraut hilft bei Ausschlag, Schorf und Rheuma. Bei Asthma wird der tägliche Genuss von Quendel- oder *Thymianwein* (siehe Seite 12) empfohlen. Bei ständig feuchten Händen in der Pubertät oder in den Wechseljahren bereitet man mit dem Quendel täglich ein *Handbad* zu. *Gewürz:* Thymian oder Quendel gehört in die Kräuterecke, denn kein anderes aromatisches Gewürz ist so vielseitig verwendbar. Die ätherischen Öle wirken verdauungsfördernd, und alles, was fad und leer schmeckt, wird appetitlicher: Kartoffelsuppe, Eier, Käse, Salat, Gemüse, Fisch und Geflügel. *Kosmetik:* Die hocharomatische Pflanze hat in der Naturkosmetik als *Gesichtsdampfbad* (siehe Seite 14) stark antiseptische Kräfte und wirkt gegen Entzündungen und Unreinheiten der Haut und reinigt die Poren.

Vorsicht: Überdosierungen mit Thymian oder Quendel können zu einer Überfunktion der Schilddrüse führen.

Arnika

(Arnica montana L.)

Die Bezeichnung Arnika ist
voller Wohlklang, herb und
klar, irgendwie klingt sie
zuverlässig und schützend.
Arnika ist ein altes Mittel in
unserer Kräuterapotheke,
mit einem Duft nach Wald,
Wiese und Sonne.

Nomenklatur
Arnica griech. arnakis =
Lammpelz, montana = in
den Bergen wachsend.

Volksnamen
Bergwohlverleih, Blutblume,
Gemsblume, Gemswurz,
Engelkraut, Kraftwurz,
Kraftrose, St. Luciuskraut.

Botanik
Mehrjähriges Korbblüten-
gewächs (Composita), ca.
30 bis 60 cm hoch.

Wurzel
Am Boden kriechender, ver-
zweigter dunkelbrauner
Wurzelstock.

Blatt
Zu Beginn des Wachstums
Blattrosette am Boden lie-
gend, später am Stengel
wachsend, gelblich-grüne,
verkehrt eiförmige, zuge-
spitzte, behaarte, gegen-
ständige Blätter.

Blüte
Dottergelbe Blütenstände,
die mit ihren Scheibenblüten wie kleine Sonnen aussehen, unter der endständi-

Arnika (Arnica montana)

Bergwollverleih, Donnerblume, Engelblume oder Wolfsblume sind einige der volkstümlichen Namen, unter denen dieses wertvolle Heilkraut seit langem in der Volksheilkunde bekannt ist. Zur Selbstbehandlung kann Arnika nur äußerlich empfohlen werden. Gute Erfolge erzielt man bei Bluterguß, Quetschungen, Verstauchungen, Rheuma, Gicht und Gelenkentzündungen. In der Apotheke erhält man auch das ABC-Pflaster aus Arnika, Belladonna und Capsicum, dessen hautreizende Wirkung zur Rheumabehandlung genutzt wird. Innerlich darf Arnika nur nach ärztlicher Verordnung angewendet werden, sonst drohen Schwindel, Benommenheit, Herzjagen, Atemnot, sogar Herz- und Atemstillstand. Arnika ist ein Gift, das lähmend auf das Rückenmark wirkt.

Postkartenkalender

Ambrosius

*Alles was der Erde
entsprießet, trägt zur Vollendung
der Schöpfung bei.*

für das Jahr '98

Gesundheit *durch* Heilkräuter '98

gen Blüte meist zwei weitere Blütenköpfe in der Achsel der beiden obersten Blätter.

Blütezeit
Juni bis August.

Standort
Auf humosem, sandigem, ungedüngtem Boden in Matten, Wiesen und ausgetrockneten Hochmooren von 600 bis 2800 m Höhe.

Sammelzeit
Juni bis August.

Verwendeter Teil
Blütenköpfe (Vorsicht: geschützt!). Die Blüten sind häufig Brutstätte der Fliege Tephritis arnicae. Kontrolle!

Wirkstoffe
Arnicin, ätherisches Öl (Thymohydrochinon), Polyacetylenverbindungen, Flavone, Cholin, Bitterstoff, Gerbsäure, Gallussäure, flüchtiges Alkaloid, Arnidiol.

Wirkung
Desinfizierend, schmerzlindernd, entzündungswidrig, antiseptisch, herzstärkend, kreislaufanregend, Blutdruck senkend, später Blutdruck erhöhend.

Anwendung: *Tee* als Aufguss ganz kleiner Blütenmengen (siehe Seite 11) — die Arnikablüte darf als Tee nur in kleinen Mengen zu-

sammen mit anderen, gleich wirksamen Heilpflanzen eingenommen werden! — bei Gefässstauungen, Herzschwäche, Herzmuskelschwäche, Gefässkrämpfen, Arterienverkalkung, Störungen im Blutkreislauf und zur Stärkung der Herznerven. *Tinktur* der Blüten (siehe Seite 12) stark verdünnt mit Wasser als Gurgelmittel bei Entzündungen in Mund- und Rachenhöhle, Heiserkeit, Ermüdung der Kehlkopfmuskulatur. Tinktur äusserlich stark verdünnt mit Wasser (1 Esslöffel auf eine Tasse Wasser) reinigt und desinfiziert Wunden und Verletzungen, wirkt gegen Rheuma, Verstauchungen, Quetschungen, Blutergüsse, Furunkel und Lähmungen. *Kosmetik:* Das Gesichtsdampfbad mit Arnikablüten (siehe Seite 14) wirkt gegen Pusteln, Mitesser und unreine Haut.

Vorsicht: Schon bei geringer Überdosis kann Arnika bei innerlicher Anwendung zu Magenstörungen und Herzklopfen führen; auch die äusserliche Anwendung muss vorsichtig durchgeführt werden. Bei zu hoher Konzentration kann sie zu Rötungen, Reizbarkeit der Schleimhäute usw. führen. Kühe, die zuviel Arnika fressen, haben Blut im Urin — ein Zeichen der Überdosierung.

Silbermantel

(Alchemilla alpina L.)

Der Silbermantel erfreut den Wanderer mit den in der Sonne glitzernden Tautröpfchen, mit dem silbernen Blattrand und seiner Blüte, einer der kleinsten Rosenblüten alpiner Regionen.

Nomenklatur
Alchemilla (Alchimistenkraut), alpina = in den Bergen wachsend, Silbermantel = silberner Blattrand.

Volksnamen
Alpensinnkraut, Schafsuppe, Hasenklee, Silberchrut, Silberglättli, Taublätter.

Botanik
Mehrjähriges Rosengewachs (Rosacea), ca 10 bis 20 cm hoch.

Wurzel
Kurzer, kriechender Wurzelstock.

Blatt
Gestielt, 3 bis 7 cm gross, in fünf bis neun Abschnitte fingerig geteilt, einzelne Blätter sind länglich-elliptisch, oberseits lebhaft dunkelgrün mit silbernem Rand, unterseits silbern-seidenhaarig.

Blüte
Kleine, buschige Blütenstände mit grün-gelben, unscheinbaren Blüten.

Blütezeit
Mai bis August.

Grosse Bibernelle

(Pimpinella major L.)

Arten
Auf dem Urgestein: Alchemilla alpina; auf Kalk wachsend: Alchemilla conjuncta.

Standort
In der Alpenregion auf dem Urgestein, auf Kalk, in Weiden, Geröllhalden, Felsabschnitten.

Sammelzeit
Juni bis August.

Verwendeter Teil
Blühendes Kraut.

Wirkstoffe
Wie bei der Alchemilla vulgaris (Frauenmantel).

Wirkung
Wie bei der Alchemilla vulgaris (Frauenmantel).

Anwendung: Siehe Rezepte Alchemilla vulgaris (Frauenmantel, Seite 36). Beide Pflanzen sind gleich wirksam.

Im Toggenburg hörte zur Pestzeit, anno 1629, ein Mann plötzlich vom Himmel eine Stimme rufen: «Esst Knoblauch und Bibernell, so sterbet ihr nit so schnell!» Das ganze Volk gehorchte und nahm Zuflucht zu der heilkräftigen Pflanze Bibernelle. Auch von den Indianern wird Bibernelle geschätzt. Wenn ein Indianer in Dakota besondere Geschenke verteilte, befand sich darunter immer ein Säcklein mit Bibernellewurzeln.

Nomenklatur
Pimpinella = ungeklärte Namensgebung, major = gross, Bibernelle aus lat. bibere = trinken (Heiltrank).

Volksnamen
Bockspeterlein, Bockswurz, Pfefferwurz, weisse Theraikwurzel.

Botanik
Mehrjähriges Doldenblütengewächs (Umbellifera), ca. 100 cm hoch.

Wurzel
Wenig verzweigte, lange Pfahlwurzel mit bockartigem Geruch (Erkennungszeichen), aus der ein bis 100 cm hoher Blütenstengel emporsteigt.

Blatt
Die unteren Laubblätter sind unpaarig gefiedert mit rundlichen, eiförmigen, gezähnten Fiederblättern zu 4 bis 7 Stück.

Blüte
Endständige, hüllenlose Dolde mit weissen, im Gebirge oft roten Blüten.

Blütezeit
Mai bis Juni (Kleine Bibernelle Juni bis August).

Arten
Kleine Bibernelle, ca. 20 bis 60 cm hoch (Pimpinella saxifraga L.), beide Arten verwendbar.

Standort
In Wiesen und Matten, lichten Wäldern, unter Gebüschen, bis über 2000 m Höhe.

Sammelzeit
März bis April oder September bis Oktober.

Verwendeter Teil
Wurzel.

Wirkstoffe
0,4% ätherisches Öl (Umbelliferon), Saponin, Gerbstoff, scharf schmeckendes Lakton (Pimpinellin), Bergapten, Angelikasäure und Mineralsalze.

Wirkung
Auswurffördernd, schleimlösend, harntreibend, antibiotisch.

Anwendung: *Tee* als Abkochung der Wurzel (siehe Seite 11) bei Katarrhen der Luftwege, Asthma, Bronchitis, Halsentzündung, Husten, Verschleimung, als Gurgelmittel bei Heiserkeit, Angina, Rachenschleimhautentzündung, Kehlkopfentzündung. *Tinktur* der frischen Wurzel (siehe Seite 12), verdünnt mit Wasser, als Mundwasser oder bei Sodbrennen. *Pulver* der getrockneten Wurzel (siehe Seite 13) bei Verdauungsstörungen, Magenbeschwerden, zur Stoffwechselanregung. *Wildkräuterküche:* Die jungen Bibernelleblätter eignen sich als Suppengewürz.

Liebstöckel

(Levisticum officinale Koch)

Lonicerus ermunterte seine Leser, getrocknete Liebstöckelwurzeln als Pfefferersatz zu verwenden. Tabernaemontanus empfahl das «Ligurierkraut» als Mittel gegen ein halbes Hundert Krankheiten. Kräuterliebende Mönche brachten diese wertvolle Pflanze in die Klostergärten, von wo aus sie den Weg in die Bauerngärten fand. Heute wird sie als Küchenpflanze sehr geschätzt. Jeder Gewürzfreund sollte eigentlich diese würzig schmeckende Pflanze im Garten haben.

Nomenklatur
Levisticum lat. levare = erleichtern, lindern (Heilkraft), officinale = Heilmittel. Liebstöckel: Ableitung von Levisticum.

Volksnamen
Maggikraut, Lichtstöckel, Lebohr, Gichtstock, Badkraut

Botanik
Mehrjähriges Doldengewächs (Umbelifera), bis 200 cm hoch.

Wurzel
Kräftiger, wenig verzweigter Wurzelstock, aus dem bis 200 cm hohe röhrige Stengel aufsteigen.

Blatt
Untere Laubblätter bis

61

70 cm lang und langgestielt, die stengelständigen sind weniger zerteilt, dreiteilig bis lanzettlich.

Blüte
Die gelben Blüten sitzen in 10- bis 20strahligen Dolden. Die ganze Pflanze riecht stark sellerieähnlich.

Blütezeit
Juli bis August.

Standort
In Bauerngärten als Gewürz- und Heilpflanze.

Sammelzeit
Wurzeln März bis April, September bis Oktober, Blätter Mai bis September.

Verwendeter Teil
Wurzeln, Blätter.

Wirkstoffe
Etwa 0,5% ätherisches Öl, Cumarinverbindungen, Harz, Zucker, 35% Lingustilid, Bergapten, Isovalerian-säure, Apfelsäure.

Wirkung
Harntreibend. Versuche, die man mit Kaninchen anstellte, führten zum Resultat, dass nach Einspritzung geringer Mengen des Pflanzen-extrakts in kurzer Zeit eine starke Steigerung der Nie-rentätigkeit erfolgte. Appe-titanregend, magenstär-kend.

Tausendgüldenkraut

(Centaurium erythraea Rafn.)

Flaschen abgefüllt. Bei Schlaflosigkeit, Nervosität oder zur Herzstärkung wird mit heissem Wasser in einer Tasse ein Esslöffel voll verdünnt eingenommen. *Wildkräuterküche:* Der ausgepresste *Saft* der Zitronenmelisse mit Honig vermischt ergibt einen ausgezeichneten Brotaufstrich. *Gewürz:* Die Melissenblätter kann man zum Würzen von Salat, besonders von Karottensalat, verwenden. *Kosmetik:* Das *Gesichtsdampfbad* mit frischen oder getrockneten Melissenblättern (siehe Seite 14) wirkt erfrischend und entkrampfend auf die Haut. *Vollbäder* (siehe Seite 13) sind bei Menstruationsbeschwerden und Verkrampfungen angezeigt.

Wie bereits der Name des Tausengüldenkrautes ausdrückt, ist die Pflanze eine grosse Autorität unter den Heilkräutern. Ihre Wirkstoffe machen sie zu einem Heilmittel, das zwar bitter schmeckt, aber um so wirksamer für die Gesundheit des Menschen ist. Hiess es doch in früherer Zeit: «Das Blümlein, das niemand, der es stehen sieht, ungepflückt lassen darf. Selbst wenn du als Reiter auf einem Pferde daherkommst, so musst du anhalten und das Kräutlein zu dir nehmen.»

Nomenklatur
Centaurium lat. centum = Hundert, aurum = Gold (Hundertgüldenkraut), griech. erythrainos = rötlich (Blütenfarbe).

Volksnamen
Centorelle, Fieberkraut

65

Sonnentau

(Drosera rotundifolia L.)

Piferkraut, Sanktorikraut, Gottesgnadenkraut, Erdgalle, Aderntee.

Botanik
Ein- bis zweijähriges Enziangewächs (Gentianacea), ca. 15 bis 30 cm hoch.

Wurzel
Helle Pfahlwurzel, bildet zuerst eine grundständige Blattrosette, die Stengel in der Blütenregion sind verzweigt, vierkantig, kahl.

Blüte
Gabelig, verzweigter, doldenartiger Blütenstand mit hellroter, unten röhriger, oben radförmig ausgebildeter Krone mit fünfzähligen Kronblättern. Die Blüte öffnet sich erst bei 20°C Lufttemperatur.

Blütezeit
Juli bis September.

Standort
Am Waldrand, an Bachufern, am Feldrand, im Acker, bis auf 1400 m Höhe.

Sammelzeit
Juli bis September.

Verwendeter Teil
Ganzes Kraut ohne Wurzeln.

Wirkstoffe
Bitterstoffglycosid (Erythrocentaurium), Amarogentin, Gentiopikrin, Gentianin, Oleanolsäure, Cerylalkohol, Phytosterin, Mineralsalze.

Wirkung
Appetitanregend, magenstärkend, verdauungsfördernd, blutreinigend, fiebersenkend.

Anwendung: *Tee* als Aufguss des Krautes (siehe Seite 11) bei Appetitlosigkeit, mangelhafter Verdauung, Magenschmerzen, Magenverstimmung, überschüssiger Magensäure, Sodbrennen, Blutarmut, stellt in Magen und Darm die natürliche Ordnung wieder her, bei Fieber. Zur gleichen Heilanzeige ist auch die *Tinktur* des Krautes (siehe Seite 12) geeignet.

Es darf uns nicht verwundern, dass der Sonnentau mit seinen klebrigen Tröpfchen an den Blatthaaren, die in der Sonne wie glitzernde Tautropfen erscheinen, bei den Alchimisten zu allerhand Aberglauben Anlass gab. Im 13. Jahrhundert versuchten sie immer wieder, aus dem Sonnentau Gold herzustellen.

Nomenklatur
Drosera griech. droseros = betaut (klebrige Schleimtröpfchen an den Blatthaaren), rotundifolia = rundblättrig. Sonnentau = Pflanze mit wie Morgentau in der Sonne glitzernden Tröpfchen.

Volksnamen
Bauernlöffelkraut, Rossolikraut, Sonnenlöffel, Jungfernblüte, Herrenlöffelkraut.

Botanik
Mehrjähriges Sonnentaugewächs (Droseracea), ca. 5 bis 20 cm hoch.

Wurzel
Kleine, faserige Wurzel.

Blatt
Kreisrund, zu einer am Boden liegender Rosette angeordnet, die einzelnen Blätter sind keulenförmig mit ca. 5 mm langen Blatthaaren, die am Ende bei trockenem Wetter schleimige Tröpfchen aufweisen. Diese klebrigen Tröpfchen glänzen in der Sonne wie Morgentau. Für Insekten allerdings bedeuten Farbe und Glanz dieses Taus den Tod, denn der Tausaft wirkt ähnlich wie unser Magensaft und verdaut die neugierigen Besucher (fleischfressende Pflanze).

Blüte
Aus der Blattrosette spriesst ein dünner, schlanker Blühstengel von ca. 10 bis 15 cm Höhe mit einem wickelförmigen Blütenstand mit kleinen weissen Kelchen. Wenn sich später die Samenkapsel öffnet, verbreitet der Wind die rundlichen, winzigen Samen.

Blütezeit
Juni bis August.

Arten
Englischer Sonnentau (Drosera anglica) mit länglichen Blättern, mittlerer Sonnentau (Drosera intermedia) mit eiförmigen Blättern. Beide Arten medizinisch verwendbar.

Standort
Im Torfmoor, im Moorrasen, auf stickstoffreichen Böden in Sumpfgebieten bis 1400 m Höhe.

Sammelzeit
Juni bis Juli.

Tormentill, Blutwurz

(Potentilla erecta L.)

Verwendeter Teil
Kraut ohne Wurzel. Vorsicht: unter strengen Naturschutz gestellt!

Wirkstoffe
Naphthochinonderivate, Droseron, Plumbagin, Flavonoide, Aglycon, eiweissverdauendes Enzym, organische Säure, Hyperosid.

Wirkung
Krampflösend, hustenlösend, auswurffördernd, reizmildernd.

Anwendung: *Tinktur* des frischen Krautes (siehe Seite 12) bei Husten, Keuchhusten, bei zähem, schleimigem Husten, Hustenreiz. Drosera bewirkt mit seinem Enzym einen erhöhten Eiweisszerfall im Körper, der zu vermehrter Phenolbildung und damit zum Auftreten von Hydrochinon im Harn führen kann (grünlich-graue Färbung im Urin). Diese Feststellung begründet die Anwendung der Tinktur als Verdauungsmittel nach üppigem Essen und bei Völlegefühl. Die Zusammensetzung des Drüsenschleimes an den Blatthaaren ist ähnlich wie der menschliche Magensaft.

Eine der grössten Familien im botanischen Reich bilden die Rosengewächse. Mit über 200 Arten bringen sie manchen Naturkundler in Verlegenheit. So auch die Tormentill. Betrachtet man nur die Blüte mit ihren vier Kronblättern, ist man geneigt, die Pflanze den Kreuzblütlern zuzuordnen. In Wirklichkeit ist sie die einzige vierblättrige Rosenblüte. Man traut es der zarten Pflanze mit ihren fein gespalteten Fiederblättchen nicht zu, dass sie aus einer so starken Wurzel entspringt. Die botanische Bezeichnung weist auf die kräftige Wurzelbrut hin.

Nomenklatur
Potentilla lat. potentia = Kraft (kräftige Pflanze mit starker Wurzel), erecta lat.= aufrecht (aufrecht stehende Stengel), Tormentill aus lat. tormina = Bauchgrimmen (Heilanzeige).

Volksnamen
Blutwurz, Ruhrwurz, Siebenfingerkraut, Tarbatill, roter Günsel, Rotwurz, Goldwurzel.

Botanik
Mehrjähriges Rosenblütengewächs (Rosacea), ca. 5 bis 20 cm hoch.

Wurzel
Knotiger, dicker, langer, rot-

brauner Wurzelstock mit aufsteigenden Stengeln.

Blatt
Dreizählig gefingert mit gesägten, schmalen Abschnitten, begleitet von tiefgespalteten Nebenblättern.

Blüte
Intensiv gelb mit vier Kronblättern (bestes Unterscheidungsmerkmal von anderen ähnlichen Potentillarten, die fünf Kronblätter aufweisen), entspringt den Verzweigungsstellen der Stengel.

Blütezeit
Mai bis Oktober.

Standort
Auf mageren Wiesen und feuchten Mooren bis 2500 m Höhe.

Sammelzeit
März bis April, September bis Oktober.

Verwendeter Teil
Wurzelstock.

Wirkstoffe
Bis 15% Gerbsäure, bis 90% Catechingerbstoff, Zucker, Glycosid (Tormentillin), Tormentillrot, Ellagsäure.

Wirkung
Stopfend, entzündungswidrig, blutstillend, vernarbend.

Anwendung: *Tee* als Abkochung der Wurzel (siehe Seite 11) bei Durchfall, als Gurgelwasser bei Schleimhautaffektionen des Mundes, bei blutendem Zahnfleisch. Das *Pulver* der Wurzel, sowie die *Tinktur* (siehe Seite 12) kann ebenfalls bei Durchfall und Blutungen verwendet werden. Der Umschlag mit *Tormentillabsud* hilft bei aufgesprungenen Lippen und Mundwinkeln, gesprungenen Händen, Frostbeulen und Ekzemen.

Vorsicht: Wegen des hohen Gerbstoffgehalts kann Tormentill bei Überdosierung zu Erbrechen führen.

Baldrian

(Valeriana officinalis L.)

Eigenartigerweise geraten Katzen in Verzückung, wenn sie den Geruch von Baldrian verspüren. Im Prinzip scheidet die Katze eine ähnliche Säure aus wie die in der Baldrianwurzel enthaltene Isovaleriansäure. Sobald Sie zu Hause die Baldrianflasche öffnen und der eigenartige Duft in der Wohnung verströmt, ist die Katze der Auffassung, irgendein Gespänlein sei auf Besuch gekommen, so dass sie lebhaft nach ihm sucht. Kräuterkenner vollführen einen kleinen Trick. Wenn sich ihre Katze im Hause nicht heimisch fühlt und immer davonläuft, bringt ihr der eigenartige Duft von Baldrian in der Wohnung die notwendige Sesshaftigkeit.

Nomenklatur
Valeriana lat. valere = kräftig sein (Heilkraft), officinalis = Heilmittel, Baldrian wird in Verbindung gebracht mit dem Lichtgott Baldur.

Volksnamen
Katzenkraut, Dammarg, Menten, Tannmark, Waldspeik, Hexenkraut, Augenwurz, Dreifuss, Mondwurz, Viehkraut, Theriakwurzel.

Botanik
Mehrjähriges Baldriangewächs (Valerianacea), ca. 150 cm hoch.

Wurzel
Kurzer, schmutzigbrauner Wurzelstock mit unterirdischer Ausläufern und Faserwurzeln, aus dem ein bis 150 cm hoher, röhrig furchiger Blütenstengel emporsteigt.

Blatt
Unpaarig gefiedert, gegenständig mit sieben bis 21 lanzettlichen, gezähnten Fiederblättern.

Blüte
Erscheint erst im 2. oder 3. Lebensjahr, ein doldiger, dreiteiliger Blütenstand mit rosaroten oder weissen kleinen, röhrenförmigen Blüten. Samenstand als Federkrone. Verbreitung durch den Wind.

Blütezeit
Juni bis August.

Arten
Vom Baldrian sind ca. 20 Arten bekannt. Medizinisch verwendet werden: Speik (Valeriana celtica L.), Alpenbaldrian, Holunderblättriger Baldrian (Valeriana sambucifolia), Kleiner Baldrian (Valeriana dioica, ca. 30 cm hoch).

Standort
Am Fluss, an Bachufern, in moorigen, feuchten Wiesen, an Dämmen, in Wäldern vom Tal bis in die Berge von 2000 m Höhe.

Boretsch

(Borago officinalis L.)

Sammelzeit
September bis November.

Verwendeter Teil:
Wurzeln von zweijährigen Pflanzen (feine Faserwurzeln entfernen). Pflanzen von trockenen Standorten sind wirkungsvoller.

Wirkstoffe
Isovaleriansäure (bildet sich vermehrt während der Lagerung), ca. 1% ätherisches Öl, Alkaloid, Gerbsäure, Apfel-, Ameisen- und Essigsäure.

Wirkung
Beruhigend, einschläfernd, krampfwidrig. Legt man Baldrian in den Bienenstock, so schwärmen die Bienen nicht aus; im Gegenteil, er zieht sogar noch fremde an.

Anwendung: *Tee* als Aufguss der Wurzeln (siehe Seite 11) bei Schlaflosigkeit, Nervosität, nervösen Herzstörungen, Wechseljahrbeschwerden, krampfartigen Menstruationsstörungen, krampfartigen Zuständen im Magen- und Darmbereich, Migräne, Kopfweh, krampfartigem Erbrechen, für nervöse Kinder, zur Abgewöhnung von Alkohol und Nikotin. Man kann aber auch die *Tinktur* der Wurzeln (siehe Seite 12) verdünnt in Wasser einnehmen für die gleichen Heilanzeigen.

Vorsicht: Übergrosse Dosierungen von Baldrianpräparaten können zu Störungen führen wie zentrale Lähmung, Kopfschmerzen, Herzbeschwerden und Baldriansucht.

Boretsch hatte einst einen ausgezeichneten Ruf als eine Art pflanzlicher Mutmacher. Man verwendete früher die Sprosse, um Überempfindliche zu beleben, verzweifelte Studenten aufzumuntern und Katzenjammer zu vertreiben. Wenn man die stahlblaue Blüte betrachtet, kann man sich lebhaft vorstellen dass die Pflanze zu solchem fähig ist.

Eibisch

(Althaea officinalis L.)

Nomenklatur
Borago lat. borra = struppiges Haar (Haarkleid der Pflanze), officinalis = Heilmittel, Boretsch aus borago.

Volksnamen
Gurkenkraut, Jumpferegsichtli, Blauhimmelstern, Gegenfrassblüten, Herzfreude, Liebäuglein.

Botanik
Einjähriges Boretschgewächs (Boraginacea), bis 60 cm hoch.

Wurzel
Kurzer Wurzelstock, aus dem sich ein aufrechter, verzweigter Stengel erhebt, dicht mit Haaren bedeckt.

Blatt
Wechselständig, elliptisch, 3 bis 11 cm lang, ca. 2 ½ cm breit, rauhhaarig und runzelig, ganzrandig an einem kurzen Stiel.

Blüte
Nickend in lockeren Blütenständen, endständig, ca. 2 cm gross, mit fünf Kronblättern von blauer (selten weisser) Farbe. Wie ein kleiner Stern leuchtet die Blüte im Kräutergarten. Die Pflanze hat ein zwiebelähnliches Gurkenaroma.

Blütezeit
Mai bis September (gute Bienenweide).

Standort
Ursprünglich stammt die Pflanze aus dem Mittelmeergebiet. Sie wird bei uns durch Samenaussaat im Garten angepflanzt und kann sich an Schuttplätzen, im Ödland und am Wegrand verstreuen.

Sammelzeit
Juni bis August.

Verwendeter Teil
Ganzes Kraut (während der Trocknung gehen die Wirkstoffe zum Teil verloren).

Wirkstoffe
Bis 30% Schleimpolysaccharide, ätherisches Öl, Saponin, Kaliumnitrat, Fettsäuren und Asparagin.

Wirkung
Harntreibend, abführend, blutreinigend, schweisstreibend, herzstärkend.

Anwendung: *Tee* als Aufguss des Krautes (siehe Seite 11) gegen Rheuma und Wassersucht. *Tinktur* des frischen Krautes (siehe Seite 12) als Herzmittel und gegen Wassersucht sowie nervöse Herzbeschwerden. Der *Pressaft* des frischen Krautes (siehe Seite 12), mit Brunnenkresse und Löwenzahn zu gleichen Teilen vermischt, ist ein ausgezeichnetes Blutreinigungsmittel und wirkt vor allem auf die Gesichtshaut. *Kosmetik:* Die Kompresse (siehe Seite 14) mit Boretschkraut wirkt gegen welke, müde und schlecht durchblutete Haut. *Wildkräuterküche:* Das zerschnittene Kraut kann Salat, Gemüse und Suppen beigegeben werden; es eignet sich vor allem zu Gurkensalat. *Boretschbutter:* Das Kraut wird ganz fein zerschnitten und mit Butter vermengt. *Gewürz:* Nur wer in der Kunst des Würzens schon einige Stufen auf dem Weg zur Meisterschaft hinaufgeklettert ist, weiss, wo der Boretsch nicht fehlen darf; Beispiele: Kohl, Mayonnaise, Fondue, Gurken, Pilze, Spinat und Kartoffeln.

Vorsicht: Von dauernder Einnahme von Boretsch ist abzuraten.

Die holzige Wurzel des Eibischs gab man früher den Kindern zum Kauen, wenn sie ihre ersten Zähnchen bekamen, denn dadurch wurde das Anschwellen des Zahnfleisches verhindert. Eibischblüten waren auch Bestandteil des Sieben-Blüten-Brusttees mit Malven, Veilchen, Mohn, Königskerze, Huflattich und Katzenpfötchen – ein hübscher Feldblumenstrauss, der Maler und Dichter inspirieren könnte.

Nomenklatur
Althaea griech. althaia = Heilmittel, officinalis = Heilmittel, Eibisch aus dem griechischen ibiscum entlehnt.

Volksnamen
Alter Tee, Alttee, Heilwurz, Ibsche, Weisswurzel, Samtpappel, Kindbett-Tee, Mundrosenblätter.

Botanik
Mehrjähriges Malvengewächs (Malvacea), 50 bis 150 cm hoch.

Wurzel
Dicker, waagrecht kriechender Wurzelstock mit aufrecht steigenden, weichhaarigen Stengeln.

Blatt
Filzig, weichhaarig, drei- bis fünflappig geteilt, ca. 6 bis

10 cm lang, graugrün, herzförmig, spitz.

Blüte
Weiss-rot, am Grund meist
violett, mit fünf Kronblättern und vielen Staub-
blättern von dunkelvioletter
oder purpurroter Farbe.
Die Frucht ist eine käse-
förmige Scheibe mit Samen
von halbmondförmiger
Gestalt.

Blütezeit
Juli bis September.

Standort
Ursprünglich in Osteuropa
im Salzboden beheimatet,
wird Eibisch vielfach als
Arzneipflanze im Garten angepflanzt. Vereinzelt er-
scheint die Pflanze als Kul-
turflüchtling auf salzhalti-
gem Boden, an Ödplätzen
mit feuchtem Grund.

Sammelzeit
Wurzeln im Oktober, Blätter
und Blüten Juli bis August.

Verwendeter Teil
Wurzeln, Blüten und Blät-
ter von zwei- bis dreijähri-
gen Pflanzen.

Wirkstoffe
Bis 35% Schleim, ca. 10%
Zucker, Asparagin, fettes Öl,
Eiweiss, Mineralsalze, leci-
thinähnlicher Stoff, Enzym,
Phosphor, Apfelsäure, flüch-
tiger Riechstoff.

Malve, Wilde Malve

(Malva silvestris L.)

Wirkung

Reizmildernd, hustenlösend, schmerzlindernd, entzündungshemmend, beruhigend, kühlend, erweichend.

Anwendung: *Tee* als Aufguss der Wurzeln (siehe Seite 11) bei Husten, Verschleimung, Katarrh, entzündlichen Durchfällen, Magenschleimhautentzündung, Lungenerkrankungen, Blasenkatarrh mit Harndrang und Wasserbrennen, Weissfluss, Gebärmutterentzündung, übersäuertem Magen. *Sirup:* (siehe Seite 12) mit frischen oder getrockneten Wurzeln samt Blättern und Blüten gegen Husten, Verschleimung, Bronchitis, Heiserkeit. *Tinktur* (siehe Seite 12) der Wurzeln als Gurgelmittel, mit Wasser verdünnt, bei Halsentzündungen, Heiserkeit, Bläschen im Mund. *Kosmetik:* Die Kompresse (siehe Seite 14) mit Eibischblüten wirkt gegen Hautentzündungen und Allergien.

Aus Samenfunden bei Ostra in der Lausitz, die aus der letzten Eiszeit stammen, lässt sich schliessen, dass die Malve schon vor Jahrtausenden Verwendung fand. Auch in der Bibel findet die Malve Erwähnung, als Moses den Fieberkranken Malventee zu trinken gab.

Nomenklatur

Malva griech. malakos = weich (erweichender Schleimstoff), silvestris = im Walde wachsend (sehr selten zu finden). Käslikraut = käselaibartige Samenstände.

Volksnamen

Grosses Käslikraut, Feldmalve, Käsepappel, Nüsserli, Rosspappel, Zigerli.

Botanik

Zwei- oder mehrjähriges Malvengewächs (Malvacea), bis 150 cm hoch.

Wurzel

Verzweigte, spindelförmige, tiefe Pfahlwurzel, aus der mehrere behaarte Stengel mit lockerem Mark aufsteigen.

Blatt

Grasgrüne, drei- bis siebenlappige, rundliche, herznierenförmige, gestielte, unregelmässig gekerbte Blätter.

Blüte
Zwei bis sechs Blüten stehen in den Blattachsen an 2 bis 3 cm langen Stielen mit rosa-violettfarbenen Kelchblättern, die mit dunkleren Streifen durchsetzt sind.

Frucht
Die scheibenförmige, käselaibartige Frucht zerteilt sich in neun bis elf Teilfrüchte.

Blütezeit
Juni bis Oktober.

Arten
Malva neglecta Wall. = kleines Käslikraut – eine nieder liegende Staude, ca. 50 cm hoch, mit kleineren Blättern. Beide Arten haben die gleichen Wirkstoffe.

Standort
An Ödplätzen, Schutthalden, Wegrändern und in Äckern bis 1500 m Höhe.

Sammelzeit
Juni bis August.

Verwendeter Teil
Blüten und Blätter (Blätter haben vereinzelt bräunliche Flecken, Sporenlager eines schmarotzenden Pilzes).

Wirkstoffe
Schleim, Farbstoff Malvin, Gerbstoff.

Wirkung
Schleimlösend, reizmildernd, entzündungswidrig, wundheilend, erweichend.

Anwendung: *Tee* als Aufguss der Blätter (siehe Seite 11) bei Erkrankung der Atmungsorgane, Lungenerkrankungen, Magen- und Darmkoliken. *Bad* (eine Handvoll Blätter in einem Liter Wasser aufkochen) bei Furunkel, Umlauf, Eiterherden und entzündeten Wunden. Die *Tinktur* der Blätter (siehe Seite 12) eignet sich, verdünnt mit Wasser, als Mundwasser bei Heiserkeit, Halsentzündung, Mandelentzündung, Bläschen im Mund. *Wildkräuterküche:* Die Blüten des Käslikrautes können zum Färben von Zuckerwaren verwendet werden, ausserdem geben die jungen Blätter ein zartes Spinatgemüse.

Enzian, Gelber Enzian

(Gentiana lutea L.)

Der Gelbe Enzian scheint die ursprüngliche Farbe der verschiedenen Enziangewächse aufzuweisen. Die von Insekten herbeigeführte Kreuzung mit anderen Blüten hat zu einer grossen Ausdehnung der Gattung geführt, so dass man in unseren Gegenden heute bis zu 39 Arten zählt. An den Enzianpflanzen wurde früher starker Raubbau betrieben. Allein für die Herstellung von Enzianschnaps wurden im Jahre 1928 ca. 340 000 kg Wurzeln ausgegraben. Heute liegt der pharmazeutische Bedarf bei ca. 70 000 kg jährlich. Enzian ist heute unter Naturschutz gestellt.

Nomenklatur
Gentiana, nach Gotenfürst Gentius genannt, der den Enzian als erster erprobte, lutea lat. = gelb (Blütenfarbe), Enzian abgeleitet von Gentius.

Volksnamen
Enze, Jäuse, Bitterwurz, Bergfieberwurz, Hochwurz, Himmelsstengel, Magenwurzel.

Botanik
Mehrjähriges Enziangewächs (Gentianacea), ca. 100 cm hoch.

Wurzel
Armdicke Pfahlwurzel,
dringt bis zu einem Meter
tief in den Boden und wird
mehrere Kilogramm schwer,
Alter bis 70 Jahre.

Blatt
Grundrosette von mächtigen, elliptischen Blättern
mit unterseits stark vorspringenden Nerven,
ca. 25 cm lang und 15 cm
breit.

Blüte
Im 10. Lebensjahr beginnt
der Enzian zu blühen.
Aus Wurzel und Blattrosette bildet sich ein kerzenartiger Blühstengel,
an dem die Blüten in den
Achseln kreuzgegenständig, auf kahnartig verteilten Blättern stehen.
Die Blumenkrone ist vierbis siebenspaltig nach
oben gerichtet.

Blütezeit
Juni bis August.

Standort
Von 700 bis 2400 m Höhe
in bergigen Wiesen, auf
Kalkböden, an Berghängen.

Sammelzeit
September bis Oktober.

Verwendeter Teil
Wurzel (Vorsicht: nicht
mit dem giftigen Germer

verwechseln, der im Unterschied zum Enzian wechselständige Blätter hat).

Wirkstoffe
Bitterstoff, ätherisches Öl, Zucker, Glycoside (Gentiopikrin, Gentiin, Gentiamarin), Gentiansäure.

Wirkung
Anregend auf die Absonderung der Verdauungssäfte, appetitanregend, stärkend, gärungswidrig, galletreibend, wurmtreibend.

Anwendung: *Tee:* ein halber Teelöffel voll Wurzeln als Aufguss (siehe Seite 11) gegen Magenbeschwerden, Appetitlosigkeit. *Tinktur* der frischen Wurzeln (siehe Seite 12) bei Leber-, Milz-, Magen- und Darmbeschwerden, mangelhafter Magensaftproduktion, Völlegefühl. *Pulver* der getrockneten Wurzeln bei Verdauungsstörungen, Magenschwäche, chronischer Verstopfung, Sodbrennen, saurem Aufstossen, zur Verbesserung des Blutbildes, bei Blutarmut. *Enzianschnaps:* 10 g Enzianwurzeln werden in einem Liter Branntwein während einer Woche an die Sonne gestellt, anschliessend ab-filtriert, eingenommen als Magenmittel für guten Appetit. Bei Magenbeschwerden, Übelkeit, chronischem Durchfall, Bleichsucht und Schwäche empfiehlt sich der *Enzianwein:* 10 g Wurzeln eine Woche lang in Malaga einlegen und abfiltrieren, likörglasweise einnehmen.

Vorsicht: In grossen Dosen kann Enzian zu Magenreizungen führen. Personen, die leicht zu Kopfweh und nervöser Erregbarkeit neigen, sollten auf Enzian verzichten.

Lavendel
(Lavandula angustifolia Miller)

Die Zeiten sind vorbei, da die «Lavendelweiber» singend von Haus zu Haus zogen und ihre duftende Ware anboten, ihre Lavendellieder sind verstummt. Es bleibt uns nichts anderes übrig, als selbst im Garten oder auf dem Balkon die zierlich duftende Pflanze an-zubauen, um im Sommer ihre in Säckchen eingenähten Blüten zwischen die Kleider hängen zu können.

Nomenklatur
Lavandula lat. lavare = waschen (Blütenbad), Lavencel aus Lavandula.

77

Schafgarbe

(Achillea millefolium L.)

Volksnamen
Speik, Zöpfli, Flunderli, Valander, Balsamblüemli.

Botanik
Mehrjähriges Lippenblütengewächs (Labiata), ca. 15 bis 60 cm hoch.

Wurzel
Kurzer, breiter Wurzelstock mit aufsteigenden, stark verzweigten Ästen.

Blatt
Gegenständig, lineal lanzettlich, ca. 2 bis 5 cm lang und 2 bis 6 mm breit, am Ende stumpf, oberseits graugrün, unten weissfilzig.

Blüte
Ährenförmige Scheinquirle mit sechs bis zehn blauvioletten, röhrenförmigen Blüten. Die ganze Pflanze duftet angenehm.

Blütezeit
Mai bis August.

Arten
Echter Lavendel (Lavandula angustifolia Mill.), in subalpiner Zone; Grosser Lavendel (Lavandula latifolia Medicus), mehr in der Ebene verbreitet (beide sind medizinisch verwendbar).

Standort
Im Mittelmeergebiet heimisch, wird er bei uns in den Gärten als Zierpflanze angebaut.

Sammelzeit
Juli bis August.

Verwendeter Teil
Blüten.

Wirkstoffe
Bis 2% ätherisches Öl, Cumarinverbindungen, Gerbstoff, Saponin.

Wirkung
Beruhigend, krampflösend, keimtötend.

Anwendung: *Tee* als Aufguss der Blüten (siehe Seite 11) zur Beruhigung, bei Kopfweh, Migräne, Blutandrang zum Kopf, Schwindel. *Tinktur* der Blüten (siehe Seite 12) zum Einreiben bei Rheuma, zur Anregung der Hautdurchblutung sowie bei Hautjucken. *Kosmetik:* Das *Lavendelbad* (siehe Seite 13) wirkt erfrischend, entspannend, krampflösend.

Vorsicht: Überdosierungen mit Lavendel können zu Kopfweh führen.

Beim Namen «Achillea millefolium» tut sich ein ganzer Götterreigen auf; Kampf und Liebe sind von strahlendem Glanz erfüllt, wenn man die Geschichte der Schafgarbe verfolgt. Die Sage nennt Achilleus als Entdecker der Heilkraft dieser Pflanze.

Nomenklatur
Achillea = Achilleus, Entdecker der Heilpflanze, millefolium lat. mille = tausend, folium = Blatt (tausendblättrig). Schafgarbe = Heilkraut der Schafe bei Krankheit.

Volksnamen
Heil aller Schäden, Gotteshand, Heil aller Welt, Sichelkraut, Wurmkraut, Schafrippe, Mausohr, Mausleiter, Fasankraut, Blutstillkraut, Tausendblatt, Leiterli.

Botanik
Mehrjähriges Korbblütengewächs (Composita), ca. 50 cm hoch.

Wurzel
Kriechender, rundlicher Wurzelstock.

Blatt
Zwei- bis dreifach fiederschnittig, zart wie eine Feder, wächst an einem behaarten Stengel.

Blüte
Zahlreiche kleine Blütenköpfchen mit schmutzigweissen oder rosaweissen Blütenscheiben, endständig an einer Trugdolde.

Blütezeit
Juni bis Oktober.

Arten
In den Bergen wächst die Moschusschafgarbe, Iva oder Wildfräulein (Achillea moschata), die nur 10 bis 20 cm hoch wird und in Steingeröll und Gletscherschutt bis auf 1800 m Höhe oft ganze Rasen bildet. Ferner kennt man die purpurrote Schafgarbe, welche auf Gebirgswiesen ca. 50 cm hoch wächst. Alle Arten sind heilkräftig.

Standort
Allgemein begegnen wir der Schafgarbe an Wegrändern, in Wiesen und Weiden, an Ödplätzen und Rainen bis über 2500 m Höhe.

Sammelzeit
Juli bis August.

Verwendeter Teil
Blüten.

Wirkstoffe
Ätherisches Öl, Bitterstoff (Achillein), Gerbstoff,

Kalisalz, Phosphor, Achillea-, Ameisen-, Essig- und Valeriansäure.

Wirkung

Appetitanregend, krampflösend, reguliert die Blutzirkulation, löst krampfartige Periodenstörungen, blutstillend, wundheilend. Schafe fressen, wenn sie krank sind, mit Vorliebe Schafgarbenkraut.

Anwendung: *Tee* als Aufguss der Blüten (siehe Seite 11) hilft bei schmerzhafter Periode, reguliert den Blutkreislauf, lindert Magenbeschwerden und reguliert die Verdauung. Bei Erkältung und Magenverstimmung greift der Bündner Berghirt gerne zu seinem Schafgarben- oder Ivawein: 100 g frische Blüten werden in einem Liter Wein angesetzt und ca. eine Woche an die Sonne gestellt. Nach dieser Zeit wird abfiltriert, mit Zucker oder Honig gesüsst und likörglasweise täglich eingenommen. *Wildkräuterküche:* Die jungen, frischen Blättertriebe der Schafgarbe können im Mai der Gemüsesuppe, dem Salat oder dem Gemüse dosiert beigegeben werden. *Kosmetik:* Zur Kräftigung der Gesichtshaut wird der

Königskerze, Wollblume

(Verbascum phlomoides L.)

Schafgarbenabsud täglich zur Waschung benutzt. Die Schafgarbenkompresse (siehe Seite 14) wirkt entzündungshemmend bei fetter und unreiner Haut, ferner bei geplatzten Äderchen im Gesicht.

Vorsicht: Überdosierungen mit Schafgarben sind schädlich und können zu Schwindel und Kopfweh führen.

Im Tiroler Inntal soll die Königskerze über das zu erwartende Wetter genaue Auskunft geben. Der Tiroler schaut, nach welcher Seite die Königskerze ihre Spitze neigt. Tut sie das nach Westen, so kommt Regen, neigt sie sich aber nach Osten, so ist gutes Wetter im Anzug. Ob's wohl stimmt?

Nomenklatur
Verbascum lat. barba = der Bart (Wollhaare der Pflanze), phlomoides griech. phlogmos = die Flamme (Wuchs). Königskerze aus einer Legende abgeleitet.

Volksnamen
Wollkraut, Windblume, Himmelsbrand, Kerzenkraut, Brennkraut, Fackelblume, Frauenkerze, Johanniskerze, Marienkerze, Unholdenkerze, Zottich.

Botanik
Zweijähriges Braunwurzgewächs (Scrophulariacea), ca. 200 cm hoch.

Wurzel
Spindelförmige, ästige Pfahlwurzel.

Blatt
Im ersten Jahr Rosette, im zweiten Jahr an einem bis 200 cm hohen Stengel wachsend, ganzrandig, dicht wollig behaarte Blätter, länglich eiförmig. Die ein-

Königskerze: Blatthaar

zelnen Wollhaare sehen unter dem Mikroskop wie kleine Tannenbäumchen aus. Sie dienen zum Schutz gegen die Verdunstung und den Schneckenfrass.

Blüte
Die Blüten stehen achsenständig in Büschlein, pyramidenförmig am Stengel.

Blütezeit
Juli bis August.

Arten
Verbascum thapsiforme, grossblütige Königskerze, 200 cm hoch, mit gekerbten Blättern; Verbascum phlomoides, Filz- oder Wollkönigskerze, 200 cm hoch, mit ganzrandigen Blättern; Verbascum thapsus, kleinblütige Königskerze, ca. 100 bis 150 cm hoch, mit drüsig behaarten Traubenblüten; Verbascum lychnitis, Lichtnelken-Königskerze,

30 bis 150 cm hoch, mit weiss-wolligen Staubgefässen; Verbascum nigrum, schwarze Königskerze, 30 bis 150 cm hoch, mit violetten Staubgefässen.

Standort
An sonnigen, trockenen Plätzen, in Schutthalden, am Rain, im Garten, in Parkanlagen, am Wegrand und in Ödplätzen.

Sammelzeit
Juli bis August.

Verwendeter Teil
Blüten von Verbascum thapsiforme und phlomoides. Sie werden nach dem Morgentau in der Mittagssonne eingesammelt und rasch getrocknet, wasserempfindlich (hygroskopisch).

Wirkstoffe
Schleim, Zucker, ätherisches Öl, Saponin, Glycosid, Mineralsalze.

Wirkung
Auswurffördernd, schleimlösend, fiebersenkend, reizmildernd, beruhigend.

Anwendung: *Tee* als Aufguss der Blüten (siehe Seite 11) bei Husten, Heiserkeit und Katarrh (Bestandteil vieler Brusttees). *Wildkräuterküche:* Pfarrer Sebastian Kneipp (1821–1897)

schrieb: «Wer eine gute
Fleischbrühe kochen will,
die kräftigend sein soll,
nehme neben den üblichen
Suppengewürzen die Blüten
der goldgelben Königskerze
dazu.»

Rainfarn

(Tanacetum vulgare L.)

Der Rainfarn, von den Kühen gemieden, von den Schafen geliebt, hat mit seinem starken Geruchsstoff die Kraft, Insekten und Ungeziefer zu vertreiben. Legt man die Blüten ins Hundelager, flüchten die Flöhe.

Nomenklatur
Vulgare = gewöhnlich.
Rainfarn = Fahne am Rain, mit farnartig geteilten Blättern.

Volksnamen
Michelkraut, Rehfarn, Revierblume, Tannkraut, Wurmkraut, Regenfarn, Räuberkraut.

Botanik
Mehrjähriges Körbchenblütengewächs (Composita), ca. 100 cm hoch.

Wurzel
Vielköpfiger, zum Teil verholzter Wurzelstock, mit mehreren aufsteigenden, kantigen Stengeln, braunrot überlaufen.

Blatt
Einfach bis doppelfiederschnittig, am Rand gezähnt, behaart, wechselständig, lebhaft grün punktiert.

Blüte
Etwa 1 cm gross, in doldenartigem Blütenstand, halbkugelförmige Blütenköpfe von intensiv goldgelber

Wegwarte

(Cichorium intybus L.)

Farbe, nur kurze Röhren-, keine Strahlenblüten. Die ganze Pflanze riecht stark.

Blütezeit
Juli bis September.

Standort
An Wald- und Strassen-rändern, sonnigen Rainen, Dämmen, bis 1200 m Höhe, wird auch im Garten als Zierpflanze gezogen.

Sammelzeit
Juni bis September.

Verwendeter Teil
Blütenköpfchen.

Wirkstoffe
Ätherisches Öl mit Thujon, Borneol, Camphen, Pinen, Bitterstoff (Tanacetin), Gerb-stoff, Butter- und Oxalsäure.

Wirkung
Wurmtreibend (Spul- und Fadenwürmer).

Anwendung: *Tee* als Auf-guss der Blüten (siehe Seite 11); nur vorübergehend bei Spul- und Fadenwürmern.

Vorsicht: In hohen und lang-zeitlichen Dosierungen kann Rainfarn zu Schwindel, Krämpfen und Leibschmer-zen führen infolge des Thujongehalts. Bei Schwan-gerschaft auf Rainfarn unbe-dingt verzichten.

Wie nach der Rückkehr eines entschwundenen Glük-kes ausschauend, steht die Wegwarte melancholisch an Wegen, so sehnsüchtig der Sonne entgegenblik-kend, dass darob ihr schö-nes, des Morgens azurblaues Blütenauge immer glanz-loser wird, bis es des Abends müde und entfärbt sich endlich schliesst. Dar-um nannte Albertus Magnus (1193—1280) die Pflanze Sonnenbraut oder Sonnen-wende.

Nomenklatur
Cichorium griech. kio = gehe, chiron = Feld (Feld-pflanze), intybus lat. in tubus = Röhre (Kennzei-chen des hohlen Stengels). Wegwarte (Standort der Pflanze am Weg).

Volksnamen
Wegluegere, Zigori, Weg-leuchte, blaue Distel, wilder Endifi, Hansl am Weg, Kaf-feekraut, Sonnenwirbel, Arme-Sünder-Blume, Weg-weiser.

Botanik
Mehrjähriges Korbblütenge-wächs (Composita), bis 150 cm hoch.

Wurzel
Walzige, spindelförmige Wurzel mit Milchsaft, auf-rechte, sparrige, kantige, verästelte Stengel.

Blatt
Zuerst in einer Rosette angeordnet, später lanzettlich, steifhaarig, grob gezähnt, wechselständig am Stengel.

Blüte
End- oder winkelständig, hellblaue Blütenscheiben mit zungenförmigen Blütenblättern. Die Köpfchen öffnen sich in den Vormittagsstunden und kehren sich stets der Sonne zu.

Blütezeit
Juli bis September.

Standort
An Wegrändern, Ackerrändern, in Wiesen und im Ödland.

Sammelzeit
Wurzeln: März bis Mai (für heilbotanische Zwecke) und im Herbst (für Wintersalat), Blüten: Juli bis August.

Verwendeter Teil
Wurzeln und Blüten.

Wirkstoffe
Inulin, Lavulin, Zucker, Enzym, Cholin, Intybin, Bitterstoff (Cichoriin), Gerbsäure.

Wirkung
Blutreinigend, verdauungsfördernd, abführend, galletreibend, stoffwechselanregend.

Anwendung: *Tee* als Abkochung der Wurzel (siehe Seite 11) bei Leberleiden (regt die Leberzellen an), fördert den Gallenfluss, zur Frühjahrs- und Herbstkur als Blutreinigungsmittel, bei Appetitlosigkeit, Milzbeschwerden und Gallenleiden. *Wildkräuterküche: Wintersalat:* Sobald die Blätter der Pflanze im Herbst gelb werden, gräbt man die Wurzeln aus der Erde und pflanzt sie im Keller in feuchtem Sand ein. Im Winter holt man sie wieder hervor und reinigt sie von den verwelkten Teilen. Dann setzt man die Wurzeln in eine Kiste mit feuchtem Sand ein und stellt diese in die warme Küche. Nach einigen Wochen guter Pflege spriessen mehrere Triebe, die man ernten und als Salat verwenden kann. Dieses Verfahren ist übrigens auch mit der Löwenzahnwurzel möglich. *Wegwartenblütengelee:* Aus den frischen Wegwartenblüten kann man ein gesundes Kräutergelee herstellen. Die blauen Blüten werden zerschnitten, zerstossen und mit drei Teilen Zucker vermischt. Sobald sich der Zucker aufgelöst hat, wird durch ein Tuch filtriert und in Honiggläser abgefüllt. *Wegwartenkaffee:* In einem Kriegskochbuch aus dem Jahre 1722 wird ein Hofgärtner Timme in Thüringen als Erfinder des Zichorienkaffees erwähnt. Friedrich der Grosse förderte die Verwertung der Pflanze für Kaffee, daher auch die Bezeichnung «Preussischer Kaffee». Beim Rösten der zerkleinerten Wegwartenwurzeln entwickelt sich ein brenzähnliches Öl, das an Kaffee erinnert. Nach dem Erkalten kann man die gerösteten Wurzeln gleich wie Kaffeebohnen verwenden.

Die echte Pfefferminze ist eine Kreuzung zwischen der Wasser- (Mentha aquatica L.) und der Grünen Minze (Mentha spicata L.) und wurde offenbar im 17. Jahrhundert in England in der Nähe von Grün-Minzenkulturen entdeckt. Wir schätzen die Pflanze, weil sie erfrischt, kühlt und wärmt, sie lindert Schmerzen, erquickt, schmeckt gut, tut wohl und macht vieles bekömmlicher.

Nomenklatur
Mentha: Nach der griechischen Sage wurde die Nymphe Minthe in eine Pflanze verwandelt, piperita lat. = pfefferartig.

Volksnamen
Edelminze, englische Minze, Primizen, Balsam, Piperminte, Gartenminze.

Botanik
Mehrjähriges Lippenblütengewächs (Labiata), 40 bis 80 cm hoch.

Wurzel
Kurzer, holziger Wurzelstock mit vielen unterirdischen und oberirdischen Ausläufern, aus denen 40 bis 80 cm hohe, vierkantige Stengel hochsteigen.

Blatt
Länglich, elliptisch, langgestielt, 4 bis 8 cm lang, am

Rande grob gesägt, mit fünf bis acht Seitennerven, grün-rötlichgrün gefärbt.

Blüte
Ährenförmiger Blütenstand mit rosaroter oder lilafarbener Krone.

Blütezeit
Juni bis Juli.

Arten
Krauseminze (Mentha spicata), mit gekrausten Blättern, Wasserminze (Mentha aquatica), am Wasser wachsend, Ackerminze (Mentha arvensis), im Acker zu Hause, Rossminze (Mentha longifolia), in feuchter Wiese. Es sind mehr als neun Arten bekannt; alle können medizinisch verwendet werden. Die Wirkung ist von Art zu Art unterschiedlich.

Standort
Im Haus- und Bauerngarten, Vermehrung durch Ausläufer, nach ca. drei Jahren verliert die Pfefferminze ihre Kräfte und muss durch Ausläufer neu kultiviert werden.

Sammelzeit
Juni bis Juli (Vorsicht: einzelne Blätter haben Rostpilzbefall).

Verwendeter Teil
Blätter.

Wermut

(Artemisia absinthium L.)

Wirkstoffe
Ätherisches Öl aus Menthol und Menthon, Gerbstoff, Lipide, Bitterstoff, Chlorogensäure, Flavonglycosid.

Wirkung
Desinfizierend, beruhigend, kühlend, krampflösend, entzündungswidrig, blähungswidrig.

Anwendung: *Tee* als Aufguss der Blätter (siehe Seite 11) bei ungenügender Gallensekretion (Experimente zeigten, dass die Gallenabsonderung um das Neunfache ansteigt), bei Reisebeschwerden, Übelkeit, Erbrechen, Krämpfen im Unterleib und der Verdauungsorgane. *Dämpfe* mit Pfefferminzblättern und kochend heissem Wasser sind gut bei Schnupfen. *Tinktur* der frischen Blätter (siehe Seite 12) zum Einreiben bei Hautjucken, Neuralgien, Kopfweh und zur Mundspülung bei wunder Zunge. *Pfefferminzöl:* ein paar Tropfen auf einem Zukkerwürfel erfrischen, regen an, besonders angezeigt bei Schwindelgefühlen. *Gewürz:* Pfefferminzblätter können zu Karotten, Linsen, Salat, Gemüse, Kartoffeln, Fisch, Ananas, Käse und Pasteten gegeben werden. *Kosmetik:* Das Gesichtsdampfbad mit Pfefferminzblättern (siehe Seite 14) ist besonders in der heissen Jahreszeit angezeigt, da es die Hautdurchblutung anregt, die Poren reinigt sowie Fettstoff abführt und trockene Haut belebt.

Pfarrer Künzle schrieb über den Wermut: «Ist einer grün wie ein Laubfrosch, mager wie eine Pappel, nimmt täglich ab an Gewicht und Humor und wirft keinen Schatten mehr, der probiere es mit einem Teelöffel voll Wermuttee alle zwei Stunden!» Und eine Bauernregel aus Westfalen bestimmt: «Wenn Maria is na'n Hiemel fahr'n, dann most Du den Wermot vom'n Garten holen!»

Nomenklatur
Artemis = griechische Göttin der Jagd und Schutzgöttin der Frauen. Absinthium griech. apinthos = untrinkbar. Wermut = erwärmende Wirkung.

Volksnamen
Äberraute, Eberreis, Gartenheil, Gürtelkraut, Schweizertee, Magenkraut, Mottenstock, Absinth.

Botanik
Mehrjähriges Korbblütengewächs (Composita), bis 100 cm hoch.

Wurzel
Holziger Grundstock mit reich verzweigten, beblätterten, graufilzig behaarten Blühstengeln, wird ca. fünf bis zehn Jahre alt.

Blatt
Dreifach fiederteilig, dicht graufilzig behaart, mit lanzettlichen Blattzipfeln.

Blüte
Sitzt in kugeligen Köpfchen, von Hüllkelchblättern umgeben, winzig klein und gelb. Die ganze Pflanze riecht stark aromatisch und hat einen bitteren Geschmack.

Blütezeit
Juli bis September.

Standort
Bis 2000 m Höhe auf Ödplätzen, an Mauern und auf trockenen Felssteppen, oft im Garten angebaut.

Sammelzeit
Mai bis Juli.

Verwendeter Teil
Blätter und Blüten.

Wirkstoffe
Bitterstoffe (Absinthiin, Anabsinthin, Artemisin), ätherisches Öl aus Thujon, Pinen, Cadinen, Phellandren und Proazulen, Äpfel-, Gerb- und Bernsteinsäure, Kalisalze und Mangan.

Wirkung
Appetitanregend, verdauungsfördernd, blähungswidrig, gallebildend, krampflösend.

Anwendung: *Tee* als Aufguss der Blätter (siehe Seite

Echtes Mädesüss

(Filipendula ulmaria L.)

11) bei Appetitlosigkeit, Magenträgheit, Bauchkoliken, Wurmmittel, Verdauungsstörungen, Magenkrämpfen, Blähungen, Übersäuerung des Magens, Völle und Druckgefühl des Magens, Sodbrennen, gelb belegter Zunge (nicht regelmässig einnehmen!). Zur gleichen Heilanzeige ist auch die *Tinktur* der Blätter (siehe Seite 12) geeignet. Als Magen- und Verdauungsmittel wird der *Wermutwein* empfohlen: Eine Handvoll Blätter in einem Liter weissen Süsswein für eine Woche ansetzen, abfiltrieren und zweimal täglich einen Esslöffel vor dem Essen einnehmen. Das *Gewürz* der zerkleinerten Blätter eignet sich zu Saucen, Fleischgerichten, Hammel und Rübeneintopf.

Vorsicht: Überdosierungen können zu Schwindel, Krämpfen und rauschartigen Zuständen führen. Während der Schwangerschaft darf Wermut nicht eingenommen werden. Im übrigen darf die Wermutkur nicht zu lange andauern.

Vor über hundert Jahren entdeckte ein Strassburger Chemiker im Wiesergeissbart salicylähnliche Stoffe. Es gelang ihm, diese natürliche Verbindung in der Retorte chemisch nachzuahmen, und er nannte den Stoff erst Spiräin (Spiraea ulmaria = Spierstrauch), später Aspirin. Die Pflanze ist ein vegetabiler Salcylspender, gleichzeitig eine der schönsten wildwachsenden Blumen unserer Gegenden. Um ihrer stolzen, weissen Schönheit willen, nennen sie die Franzosen Wiesenkönigin (Reine des prés).

Nomenklatur
Filipendula lat. filum = Faden, pendulus = hängend (eine verwandte Art hat an fädigen Wurzeln Knöllcher hängen), ulmaria = ulmenartige Blätter. Wiesengeissbart = Blüte ähnlich einem Geissbart.

Volksnamen
Mädesüss, Spier, Beielichrut, Geissleiterli, Bocksbart, Johanniswedel, Wiesengeissbart.

Botanik
Mehrjähriges Rosenblütengewächs (Rosacea), ca. 100 cm hoch.

Wurzel
Kräftiger, kriechender Wur-

zelstock mit aufrecht steigenden Stengeln, die rötlich angelaufen sind.

Blatt
Unterbrochen gefiedert, die Fiederblättchen haben eine ausgeprägte Nervatur, oben etwas rot überlaufen, unterseits silbrig, breit herzförmig.

Blüte
Klein, weiss mit fünf Kelch- und fünf Kronblättern und vielen Staubgefässen, trugdoldiger Blütenstand, Geruch nach Mandeln.

Blütezeit
Juni bis August.

Standort
In Gräben, moorigen Wiesen, an Bachufern, bis 2000 m Höhe.

Sammelzeit
Juni bis August.

Verwendeter Teil
Blüten.

Wirkstoffe
Ätherisches Öl, Salicylverbindungen, Flavonoide, Gerbstoff, Heliotropin, Vanillin, Zitronen- und Gerbsäure.

Wirkung
Fieberwidrig, schweisstreibend, schmerzlindernd, blutreinigend, entzündungshemmend.

Lein

(Linum usitatissimum L.)

Anwendung: *Tee* als Aufguss der Blüten (siehe Seite 11) bei Fieber, Grippe, Rheuma, Gelenkschmerzen und Wassersucht. Zur gleichen Heilanzeige kann auch die *Tinktur* der Blüten (siehe Seite 12) verwendet werden.

Viele Bauernregeln. Sprichwörter und Sagen beziehen sich auf den Anbau und die Verwertung des Leins: «Lein gesät auf Petronell (31. Mai), wachset lang, zerfallet schnell.» Der Lein ist eine der gebräuchlichsten Pflanzen: Die Stengel liefern Fasern für die Leinenweberei, aus der Frucht gewinnt man ein hochwertiges Speiseöl, und auch in der Heilkunde ist der Lein ein Jahrtausende altes Arzneimittel.

Nomenklatur
Linum lat. = Faden (Faserstoffe im Stengel), usitatissimum bedeutet «das Gebräuchlichste». Lein aus linum.

Volksnamen
Flachs, Haarlinsen, Dreschler, Schiessler.

Botanik
Einjähriges Leingewächs (Linacea), ca. 30 bis 80 cm hoch.

Wurzel
Dünne, spindelförmige Wurzel, mit aufsteigenden Stengeln, die sich wenig verzweigen.

Blatt
Wechselständig, schmallanzettlich, ca 2½ cm lang, graugrün, dreinervig.

Blüte
Lockerer Blütenstand, endständig, ca. 1 cm gross, meist blau, selten weiss oder rot, mit fünf Kronblättern, blüht meist nur wenige Stunden und beginnt sich zu neigen. Frucht: kugelige Kapsel, 4 bis 6 mm lange, eiförmige Samen, schlank, glänzend braun.

Blütezeit
Juni bis Juli.

Standort
Wird kulturmässig im Garten angebaut.

Sammelzeit
August bis September.

89

Ringelblume

(Calendula officinalis L.)

Verwendeter Teil
Samen (können beim Lagern ranzig werden).

Wirkstoffe
30 bis 40% fettes Öl, Schleim, 3 bis 6% Glycosid (Linamarin), 20% Eiweiss, 0,8% Lezithin, Zucker und Enzym.

Wirkung
Abführend, entzündungswidrig, wärmestauend, harntreibend.

Anwendung: Nicht zerstossene oder pulverisierte Leinsamen bei Verstopfung. Der Leinsamen bewirkt im Darm eine Zunahme des Inhalts durch Quellung und fördert damit die Darmperistaltik. Ein Teelöffel voll ganze Leinsamen wird dreimal täglich mit etwas Wasser vor dem Essen eingenommen. Gegebenenfalls mit Faulbaumrindentee unterstützen. *Tee* als Abkochung der Leinsamen (siehe Seite 11) bei Blasenkatarrh, Nierenentzündung, Magen-Darm-Katarrh, schmerzhaftem Urinieren, Masern und Gastritis. *Leinsamenbrei* als Umschlag der zerquetschten Samen mit warmem Wasser bringt Furunkel zum Reifen, lindert Gelenk- und Muskelschmerzen, Rheuma usw. *Kosmetik:* Leinsamenmaske: Zwei bis drei Esslöffel voll zerquetschte Leinsamen werden mit heissem Wasser zu einem Brei gerührt und auf das Gesicht aufgetragen, während 20 Minuten einwirken lassen. Diese Anwendung reinigt und öffnet die Poren, wirkt nährend und heilend bei fetter Haut.

Die Ringelblume ist eine der bekanntesten Zierblumen in unseren Gärten. Sie hat ihren deutschen Namen durch die Samenstände erhalten, die bei dieser Pflanze ringförmig angelegt sind.

Nomenklatur
Calendae lat. = Monat, weist auf die lange Blütezeit von Juni bis November hin, officinalis = Heilmittel.

Volksnamen
Totenblume, Goldblume, Studentenblume, Igelblume, Sonnenwendblume, Ringel, Windblume, Warzenkraut, Regen- und Butterblume.

Botanik
Einjähriges Korbblütengewächs (Composita) ca. 20 bis 40 cm hoch.

Wurzel
Spindelförmig, faserig verzweigte Pfahlwurzeln.

Blatt
An den aufrechten, flaumig behaarten Stengeln wachsen wechselständig ganzrandige, knorpelige, gezähnte Laubblätter. Sie sind lanzettlich oval.

Blüte
Die ca. 2 bis 5 cm breiten Blütenkörbchen stehen einzeln in einer schüsselförmigen Hülle. Kreisförmig sind aus dem inneren Blütenkern ca. 1 bis 2 cm lange, dotter- bis orangegelbe Strahlenblüten angeordnet. Früchte werden nur von den weiblichen Strahlenblüten ausgebildet. Die Samen sind auffallend einwärts gekrümmt, die inneren sogar eingerollt.

Blütezeit
Juni bis November.

Standort
Die Ringelblume wird im Garten angepflanzt, indem der Samen im Frühling oder Herbst in die Erde ausgestreut wird. Sie braucht nicht viel Pflege und vermehrt sich in erstaunenswerter Weise.

Sammelzeit
Juni bis November.

Verwendeter Teil
Die lebhaft gelborangefarbenen Strahlenblüten.

Wirkstoffe
0,02% ätherisches Öl, 1,5% Schleim, 19,1% Bitterstoff, 3% Calendulin und 6% Apfelsäure.

Wirkung
Ein Beet Ringelblumen ist nicht bloss eine für das Erdreich dankbare Gartenzier, sondern eine gute Hausapotheke gegen vielerlei Gebresten. Die Pflanze wirkt

abführend, krampfstillend, auflösend, schweiss- und harntreibend sowie wundheilend.

Anwendung: Der *Tee* als Aufguss der Strahlenblüten (siehe Seite 11) wird bei Drüsenleiden, Leberstörungen, mangelhafter Periode, zur Förderung der Gallenabsonderung und bei Neigung zu Magengeschwüren verwendet. Die verdünnte *Tinktur* der Blüten (siehe Seite 12) hilft als Umschlag bei Fisteln, Hämorrhoiden, Quetschungen, frischen Wunden und Eiterungen. Die Ringelblume ist ein Wundmittel ersten Ranges und hat sich als solches bestens bewährt. Die *Salbe* aus frischen Blüten (siehe Seite 13) hilft bei Wunden, Quetschungen und Blutergüssen) *Pressaft* des Krautes (siehe Seite 12) wird täglich auf Warzen und Dornwarzen aufgetragen. Wenn man diese täglich mit einem Heftpflaster feucht hält, verschwinden sie. Das *Bad* des Ringelblumenkrautes (siehe Seite 13) hilft bei Fussschweiss. *Kosmetik*: Ausgezeichnete Wirkung hat die Gesichtskompresse mit Strahlenblüten (siehe Seite 14) bei Akne-Erkrankungen gezeigt, indem frische Narben, Entzündungen und Eiterherde ausheilen.

Hauhechel

(Ononis spinosa L.)

Frisch und freundlich leuchtet die grosse Schmetterlingsblüte mit rosaroter Fahne aus dem Grün der Hauhechelblätter hervor, die von Dornen geschützt ist. Wer die frische Wurzel der Pflanze unter dem Mikroskop betrachtet, findet im Querschnitt ein Bild kunstvoller Prägung, in dem die hellen Markstrahlen mit den dunklen Holzteilen wie in einem Fächer abwechseln.

Nomenklatur
Ononis griech. = Eselkraut (des Esels Leibspeise), spinosa lat. = stechend, dornig. Den Namen Hauhechel erklärt Fuchs («Kreuterbuch», 1551): «... von wegen seiner dörn, das sie zwischen der blettern hat, die einer hechel, so man zu dem flachs braucht, gleich seind.»

Volksnamen
Schafhechle, Stallchrut, Heudorn, Weiberklatsch, Frauenstreit, Questenkrautwurzel, Ochsenkraut.

Botanik
Mehrjähriges Schmetterlingsblütengewächs (Fabiacea), ca. 10 bis 60 cm hoch.

Wurzel
Schwach verzweigte, holzige Pfahlwurzel, ca. 50 cm lang, aus der ästig verzweigte Stengel mit holzigen unteren Teilen entspringen. Die Seitenzweige enden in scharfen Dornen.

Blatt
1 bis 2½ cm lang, dreizählig geteilt, behaart, am Rande gesägt, länglicher bis lanzettlicher Umriss.

Blüte
Sitzt an einem Kurztrieb, ca. 1 bis 2 cm gross, meist rosarot, selten weiss, aus einer Fahne bestehend mit zwei Flügeln und einem Schiffchen (Schmetterlingsblüte).

Blütezeit
Juni bis September.

Arten
Ononis repens, dornenlos oder weniger Dornen, ist medizinisch weniger wirksam.

Standort
An sonnigen Stellen am Waldrand, Rain, Ackerrand, Wegrand, in der Wiese und lichten Wäldern, bis 1500 m Höhe.

Sammelzeit
März bis April, September bis Oktober.

Verwendeter Teil
Wurzel.

Wirkstoffe
Ätherisches Öl, Flavonoide,

Augentrost

(Euphrasia officinalis L.)

Ononid, Onocol, Gerbstoff, Zucker, Saponin und Zitronensäure.

Wirkung
Harntreibend (nach Einnahme von 2 g kann die Harnmenge um einen Liter täglich ansteigen, nach etwa drei Tagen klingt die Wirkung ab. Es ist deshalb ratsam, Hauhechelkuren in Raten durchzuführen), antiseptisch, blutreinigend, blutstillend.

Anwendung: *Tee* als Aufguss der Wurzeln (siehe Seite 11) bei Rheuma, Gicht, Wassersucht, Harngriess, Blasenschwäche, bei harnsaurer Konstitution und Hautjucken. Die günstige Wirkung des Hauhechels auf den allgemeinen Stoffwechsel verursacht eine gute Abheilung bei stark juckenden, trockenen und nässenden Ekzemen. Zu gleichen Heilanzeigen kann auch die *Tinktur* (siehe Seite 12) verwendet werden. *Wildkräuterküche:* Aus den jungen Blättern und Trieben lässt sich ein zartes Wildgemüse aufkochen.

Seit Jahrhunderten wird die Pflanze Augentrost als speziell wirksames Mittel bei müden, entzündeten, tränenden Augen betrachtet. Und es ist interessant, festzustellen, dass der Name in fast allen europäischen Sprachen ihren Wert als Augenmittel anzeigt. In Frankreich heisst sie «casse lunettes» (Brillenzerstörer), die Italiener nennen sie «luminella» (Licht für die Augen), und auf englisch heisst sie «eyebright» (Augenglanz).

Nomenklatur
Euphrasia griech. = Frohsinn (Symbol der Heiterkeit), officinalis = Heilmittel.

Volksnamen
Gitinix Zahntrost, Hungerblüemli, Augustinerkraut, Henschelin, Milchdieb, Herbstblümel, Weisse Leuchte.

Botanik
Ein ähriges Braunwurzgewächs (Scrophulariacea), ca. 10 bis 30 cm hoch.

Wurzel
Kurze, wenig verzweigte Wurzel, aus der eine 10 bis 30 cm hohe Halbschmarotzerpflanze mit flaumig behaarten, ästig verzweigten Stengeln emporsteigt. Die Pflanze ist mit den Wurzeln mit Wirtspflanzen, meistens

Gräsern, durch Saugfüsse
(Haustorien) verbunden.

Blatt
Gegenständig, ca. ½ bis
1 cm lang, spitz eiförmig, mit
drei bis sechs spitzen Zähnchen, schwach behaart.

Blüte
Etwa 1 cm lang, weiss, in
der oberen Blattachsel sitzend, mit kurzer Oberlippe
versehen, mit blauvioletten
Längsstreifen und einer
dreizipfligen Unterlippe, an
deren Grund sich ein gelber
Fleck befindet.

Blütezeit
Juni bis Oktober.

Arten
In der Schweiz sind 23 Arten
bekannt, die schwer zu
unterscheiden sind. Die alpinen Formen des kleinsten
Augentrostes (Euphrasia
minima) mit gelben, weis-
sen, violettblauen oder
mehrfarbigen Blüten sind
von gleicher Wirkung.

Standort
Auf nassen und trockenen
Wiesen, Magerwiesen, im
Moor und in lichten Wäl-
dern bis auf 2800 m Höhe.

Sammelzeit
Juli bis Oktober.

Verwendeter Teil
Blühendes Kraut.

Wirkstoffe
Gerbstoff, Bitterstoff, Glycosid (Aucubin), Astansäure.

Wirkung
Entzündungswidrig,
schmerzlindernd, blut-
stillend.

Anwendung: *Tee* als Aufguss des Krautes (siehe
Seite 11) bei Magenschmerzen, Heuschnupfen, Alko-
hol- und Nikotinvergiftung.
Tinktur des frischen Krautes
(siehe Seite 12) bei Heuschnupfen; alle zwei Stunden fünf Tropfen in wenig
Wasser. *Augenbad:* Bei
überanstrengten Augen,
Augenfluss, schlechter Seh-
kraft wird ein halber Teelöffel voll Augentrost mit
einem halben Teelöffel voll
Fenchelsamen in einer Tasse
mit kochend heissem Wasser
angebrüht. Kurz ziehen lassen und durch einen Papier-
filter filtrieren, damit keine
Staubteile vorhanden sind.
Anschliessend gibt man die
Flüssigkeit in ein Augen-
glas und spült die Augen
täglich zweimal während
zwei bis drei Minuten. Jedesmal muss die Anwendung
frisch zubereitet werden.

Vorsicht: Überdosierungen
sowohl innerlich wie äus-
serlich können schädigende
Wirkungen haben.

Engelwurz,
Erzengelwurz

(Angelica archangelica L.)

Nach einer alten Legende
soll der Erzengel Raphael
einem einsamen Waldbruder
erschienen sein und auf die
Heilkraft der Engelwurz
hingewiesen haben. Auf
Grund dieser Legende trägt
die Pflanze, in Wiese und
Wald wachsend, den Namen
Engel- oder Erzengelwurz.

Nomenklatur
Angelica lat. = Engel, Archangelica lat. = Erzengel.

Volksnamen
Angelika, Brustwurz. Engelkraut, Dreieinigkeits-
wurzel.

Botanik
Zwei- bis vierjähriges Doldengewächs (Umbellifera),
bis 200 cm hoch.

Wurzel
Kurzer, rübenartiger Wurzelstock, aus dem bis zum
zweiten oder dritten Lebensjahr eine mächtige Blatt-
rosette emporsteigt Im
zweiten, dritten oder vierten
Jahr fruchtet die Pflanze
und stirbt ab.

Blatt
Grundblätter ca. 90 cm
gross, von dreieckigem Umriss, dreifach fiederschnittig
mit 4 bis 8 cm grossen, grob
gezähnten Abschnitten.

Blüte
Endständig an einem bis zu

6 cm dicken und 200 cm
hohen gerillten, rötlich an-
gelaufenen, hohlen Stengel,
der spärlich beblättert ist;
trägt eine kugelige Dolde mit
weissen und grünlichen
Blüten, ca. 8 bis 15 cm
Durchmesser.

Blütezeit
Juni bis Juli.

Arten
Angelica silvestris, im Wald
wachsend = weniger wirk-
sam.

Standort
An feuchten, schattigen
Stellen in Wiese, Moor, an
Flussufern, im Gebüsch und
am Waldrand.

Sammelzeit
Wurzeln März bis April oder
Oktober.

Verwendeter Teil
Zweijährige Wurzeln (Vor-
sicht: nicht mit dem giftigen
Schierling oder Rosskümmel
verwechseln!).

Wirkstoffe
Etwa 1% ätherisches Öl, Cu-
marinverbindungen, Archi-
nin, Bitterstoff, Gerbstoff,
Zucker, Angelicasäure und
Bergapten.

Wirkung
Regt die Magensaftdrüsen
an, beruhigt die erregte
Darmmuskulatur, magen-

stärkend, schleimlösend, harntreibend, antiseptisch, blähungswidrig.

Anwendung: *Tee* als Aufguss der Wurzeln (siehe Seite 11) bei schlechtem Appetit, Magenverstimmung, Aufstossen, Blähungen, Verdauungsstörungen, Magenkatarrh, Darmentzündung. *Engelwurzlikör:* Eine bis zwei Handvoll frische oder getrocknete Wurzeln werden während einer Woche in einem Liter Branntwein an die Sonne gestellt, anschliessend abfiltriert und mit einem Pfund Zucker oder Honig gesüsst. Dieser Likör ist ein ausgezeichnetes Magen-Darm-Mittel und fördert den Appetit. *Wildkräuterküche:* Die jungen zarten Blätter können als Suppenwürze verwendet werden.

Vorsicht: Die Haut kann auf Engelwurz bei Berührung mit dem Saft allergisch reagieren. Überdosierungen mit Engelwurz können zu Lähmungen des Zentralnervensystems führen. Frauen müssen während der Schwangerschaft auf Engelwurz verzichten.

Goldrute

(Solidago virgaurea L.)

Die Indianer verwenden die Goldrute heute noch als altbewährtes Mittel zur Behandlung von Klapperschlangenbissen.

Nomenklatur
Solidago lat. solidare = befestigen, gesund machen (Heilmittel), virga-aurea lat. virga = Rute, aureus = golden. Goldrute = goldgelbe Blütenstände.

Volksnamen
Heidnisch Wundkraut, Waldkraut, St. Petersstabkraut, Schosskraut, Heilwundkraut, Unsegenkraut.

Botanik
Mehrjähriges Korbblütengewächs (Composita), 30 bis 100 cm hoch.

Wurzel
Knotiger, walziger Wurzelstock mit aufrechten, stielrunden Stengeln, die sich in der Blütenregion verästeln.

Blatt
Wechselständig, gestielt eiförmig elliptisch, grob gezähnt, schwach behaart.

Blüte
9 bis 15 mm grosse Blütenköpfchen in endständiger Traube mit leuchtend gelben Strahlenblüten und zehn bis zwanzig kleinen Röhrenblüten. Nach dem Verblühen wächst eine Haarkrone (Pappus) mit kleinen Flugkörpern.

Blütezeit
Juli bis Oktober.

Standort
Im Gebüsch, in lichten Wäldern, an Rainen und Dämmen, Strassenböschungen, Felsen und Mauern, bis 2500 m Höhe.

Sammelzeit
Juli bis Oktober.

Verwendeter Teil
Kraut.

Wirkstoffe
Ätherisches Öl, Flavonoide, Saponine, Gerbstoff, Bitterstoff, Chlorogensäure, Hydroxyzimtsäure.

Wirkung
Harntreibend, stopfend, entzündungswidrig, wundheilend.

Anwendung: *Tee* als Aufguss des Krautes (siehe Seite 11) zur Förderung der Harnmenge, gegen Entzündungen der Harnwege, bei Rheuma, Prostataleiden, Eiweiss im Urin, Schwierigkeiten beim Wasserlassen, Harngriess, als Gurgelmittel bei Mundfäule. *Bad, Umschlag und Auflage* wirken bei schlecht heilenden Wunden.
Nicht verwechseln dürfen

Eberwurz, Silberdistel

(Carlina acaulis L.)

wir die Goldrute mit der kanadischen Art (Solidago canadensis), die wesentlich höher wird und verwildert an Waldrändern und Seeufern wächst. Die kanadische Goldrute ist gekennzeichnet durch lange, spitz auslaufende, gelbe Blütenrispen. Verwechslungen sind auch möglich mit dem Kreuzkraut (Senecio fuchsii), das seine Blüten in doldenartiger Lage, weniger am Stengel, trägt.

Die Eberwurz, Silber- oder Wetterdistel misst mit ihren Hüllblättern den Feuchtigkeitsgehalt der Luft. Bei feuchtem Wetter schliesst sie ihre Blüten und wird so gleichsam zur zuverlässigen Wetterprophetin. Der wilde Eber scheint die Wirkung der Pflanze zu kennen. Wenn er sich mit dem Bilsenkraut vergiftet, sucht er energisch nach den heilkräftigen Eberwurzwurzeln.

Nomenklatur
Carlina = nach Karl dem Grossen benannt, acaulis = stengellos (Blüte). Silberdistel = silbrig glänzende Hüllblätter.

Volksnamen
Wetterdistel, Nebelpflanze, Eberdistel, Heustecher, Tschöggeli, Wetterrosen, Jägerbrot.

Botanik
Mehrjähriges Korbblütengewächs (Composita), ca. 20 cm hoch.

Wurzel
Lange, schwarzbraune, spindelförmige Pfahlwurzel, enthält Milchsaft.

Blatt
In einer Rosette angeordnet, 5 bis 15 cm lang, mit lanzettlichem Umriss, grob federschnittig, stachelig gezähnt.

Blüte
6 bis 12 cm gross, einzeln an der Blattrosette oder an einem bis 20 cm hohen Stengel stehend. Sie führt einen Kranz von derben, silberweissen, pergamentartigen, langen, lanzettartigen Hüllkelchblättern. Im Zentrum sitzen viele weisse oder gelbliche Scheibenblüten.

Blütezeit
Juli bis September.

Standort
Bis auf 2600 m Höhe, in mageren Bergwiesen an sonniger Lage und steinigen Hängen.

Sammelzeit
März/April oder September/ Oktober.

Verwendeter Teil
Wurzeln (Vorsicht: geschützt).

Wirkstoffe
1 bis 2% ätherisches Öl mit Carlinaoxid und Carlinen, Gerbstoff, Bitterstoff, ca. 20% Inulin und Labenzym.

Wirkung
Harntreibend, schweisstreibend, antibiotisch und magenstärkend.

Anwendung: *Tee* als Abkochung der Wurzeln (siehe Seite 11) bei Magenverstimmung, Erkältungskrankheiten, zur Anregung der Harnausscheidung, Verdauungsschwäche, Milzkrankheiten und Wurmerkrankung. *Wildkräuterküche:* Bei Feinschmeckern steht die Eberwurzblüte in hohen Ehren. Die Böden der Blütenkelche waren früher eine beliebte Älplerdelikatesse. Nach Entfernung der Hüllblätter kocht man sie, ähnlich wie Artischocken, in Wasser und serviert sie mit verschiedenartigen Saucen (Pflanze ist unter Naturschutz gestellt!).

Heidelbeere

(Vaccinium myrtillus L.)

In den Märchen heisst es, dass die Zwerge das Kostbarste der Pflanzenwelt hegen und pflegen, und dort, wo sie ein- und ausgehen, bedecken die pechschwarzen Heidelbeeren den Boden. Die Heidelbeere ist eine köstliche, saftige und vielseitig verwendbare Frucht. Sie würde wahrscheinlich noch viel beliebter sein, wenn das Sammeln der reifen Frucht nicht so mühsam wäre.

Nomenklatur
Vaccinium lat. bacca = Beere, myrtillus weist auf Ähnlichkeit der Pflanze mit der Myrte hin. Heidelbeere = auf der Heide wachsend.

Volksnamen
Haselbeeri, Blaubeere, Heiti, Heubeeri, Schnuderbeeri, Angelbeeri, Bickbeere, Waldbeere.

Botanik
Mehrjähriges Erikagewächs (Ericacea), 25 bis 50 cm hoch.

Wurzel
Wurzelstock mit kriechenden Ausläufern, aus dem ein Sträuchlein bis 50 cm hoch emporsteigt; die Pflanze erreicht ein Alter von ca. 30 Jahren.

Blatt
Die Laubblätter, ca. 1 cm lang, sitzen an grünen, scharfkantigen Zweigen, wechselständig, länglich elliptisch, am Rand feingezähnt, anfangs grün, später rötlich angelaufen.

Blüte
Zuerst grün, dann rötlich, nickend, in den Blattachseln ca. 5 mm gross, glockenförmig. Die reife Frucht ist eine blauschwarze, meist bereifte, vielsamige Beere, oben kreisförmig abschliessend.

Blütezeit
Mai/Juni, Fruchtreife Juli bis September.

Arten
Eine nahe Verwandte der Heidelbeere ist die Rauschbeere (Vaccinium uliginosum L.), welche nicht blaues, sondern blassgrünes Fruchtfleisch hat. Grössere Mengen von Rauschbeeren können zu Schwindel führen; bei kleineren Mengen besteht keine Gefahr.

Standort
Auf humosem Boden in lichten Wäldern, im Gebüsch, in Zwerggesträuch und im Moor, bis auf 2700 m Höhe.

Sammelzeit
Blätter: Juni/Juli, vor der Beerenreife, Beeren: Juli bis September.

Verwendeter Teil
Blätter und Beeren.

Wirkstoffe
Beeren: Gerbstoff, Glukokinine, Zucker, Myrtillin, Ericolin, Arbutin, Vitamin C, Milch-, Oxal-, Bernstein- und Apfelsäure. Blätter: Bitterstoffe (Ericolin, Arbutin), Gerbstoff, Vitamin C, Chinasäure und vegetabilisches Insulin Myrtillin.

Wirkung
Blätter schwach zuckersenkend (Allen, ein amerikanischer Arzt, fand in den Blättern das vegetabilische Insulin Myrtillin). Beeren: stopfend, blutstillend, antiseptisch.

Anwendung: *Tee* als Aufguss der Blätter (siehe Seite 11) zu gleichen Teilen vermengt mit Bohnenschalen

Preiselbeere

(Vaccinium vitis-idaea L.)

bei Zuckerkrankheit (leicht zuckersenkend). Diabetiker sollten stets unter Aufsicht des Arztes stehen! *Getrocknete Beeren* teelöffelweise, dreimal täglich vor den Mahlzeiten zerkaut, wirken sie bei Durchfall und Darmkatarrh. Ausgepresster Saft empfohlen bei Appetitlosigkeit, Verdauungsstörungen, zum Spülen bei Zahnfleischbluten, Mundfäule, als Saftkur bei Wurmkrankheiten (Askariden). *Heidelbeerlikör* als Magenlikör: zwei bis vier Handvoll Heidelbeeren werden in einem Liter Branntwein eine Woche an die Sonne gestellt, anschliessend abfiltriert und mit einem Pfund Zucker oder Honig gesüsst. *Wildkräuterküche:* Roh gegessen als Kompott oder Marmelade und Saft erfreut sich die Heidelbeere grosser Beliebtheit. *Heidelbeersirup:* 1 kg Saft mit 1 kg Zucker oder Honig kurz aufkochen und in Flaschen abfüllen.

Vorsicht: Überdosierungen mit Heidelbeerblättern können zu Störungen führen, hervorgerufen durch den Wirkstoff Hydrochinon.

Eine gemütliche Altweibersommerwanderung bringt uns zumeist mit der Preiselbeere in Kontakt. Sie erwartet uns mit ihren erfrischenden, süsssauer schmeckenden Beeren. Rot auffallend leuchten uns diese im Zwerggesträuch entgegen.

Nomenklatur
Vaccinium lat. bacca = Beere, idaea = vom Berg Ida auf Kreta.

Volksnamen
Spreisselbeere, Praussbeere, Kreuselbeere, wilder Buchsbaum, Bickelbeere, Klosterbeere.

Botanik
Mehrjähriges Erikagewächs (Ericacea), 10 bis 30 cm hoch.

Wurzel
Kriechender Wurzelstock mit unterirdischen Ausläufern, in alpinen Zonen ganze Rasen bildend.

Blatt
Wechselständig, kurzgestielt, immergrün, lederartig, oval, verkehrt eiförmig, mit schwach eingerolltem Rand, unterseits braun punktiert, im Unterschied zur Bärentraube, die keine Punktierung hat.

Blüte
Etwa 5 mm gross, weiss oder rosarot, glockenförmig, in Trauben zu zwei bis sechs Blüten stehend. Frucht zuerst weiss, dann rot, mehrsamig.

Blütezeit
Mai bis August, Beerenreife September / Oktober.

Standort
Bis 3000 m Höhe in Berg-gebieten, in Wäldern, als Unterwuchs in Kieferwäldern, in Zwischenmooren

Sammelzeit
August bis Oktober.

Verwendeter Teil
Blätter und Beeren.

Wirkstoffe
Arbutin, Gerbstoff, Vitamin A, B, C, Ericolin, Gerb-

Faulbaum

(Frangula alnus Miller)

stoff, Apfel-, Zitronen-, Oxal-
und Bernsteinsäure. Das
Arbutin spaltet sich im
Körper in Hydrochinon ab,
das desinfizierend wirkt,
aber nur bei alkalischem
Urin.

Wirkung
Desinfizierend, abführend,
antiseptisch, blut-
reinigend, harntreibend.

Anwendung: *Tee* als Aufguss der Blätter (siehe Seite
11) bei Nierenbeckenent-
zündung, Blasenentzün-
dung, Blasenkrampf,
schmerzhafter Harnentlee-
rung (gleich wie Bärentrau-
benblätter nur bei alkalischem Harn, sicherheits-
halber vorher Sodatablette
einnehmen). *Wildkräuter-
küche:* Preiselbeeren sind
eine beliebte Zugabe zu
Wildgerichten und werden
zu Kompott verarbeitet, das
infolge des Benzoesäure-
gehaltes (natürliches Kon-
servierungsmittel) eine
lange Haltbarkeit hat.

Wenn wir auf einer Sommer-
wanderung die Beeren-
reife der Sträucher beob-
achten, fällt uns der
Faulbaum zuerst auf. Mit
drei Beerenfarben, grün, rot
und schwarz, und seinem
fauligen Geruch ver-
sucht er unsere Aufmerk-
samkeit zu gewinnen.

Nomenklatur
Frangula lat. frangere =
brechen (brüchiges Holz),
alnus = birken- oder
erlenartig.
Faulbaum = fauler
Geruch der Rinde.

Volksnamen
Stinkbaum, Gichtholz,
Hundsbaum, Läusebaum,
Mausbaum, Pulver-
holz, Chrottebeeri, Pfyffe-
holz, Schwarzhasel.

Botanik
Mehrjähriges Kreuzdorn-
gewächs (Rhamnacea), ca.
400 cm hoch.

Wurzel
Kräftige Wurzeln, aus
denen sich ein Strauch
mit rutenartig aufwärts
stehenden Zweigen bildet
mit glatter, graubrauner
Rinde, unterbrochen
von Korkwarzen und weis-
sen Rissen.

Blatt
Locker stehende, gegen-
ständige, oval ganz-

randige, oberseitig glän-
zende, mit sechs bis zehn
Seitennerven durchlaufene
Blätter.

Blüte
Unscheinbare, weissliche
Blüte, in Büscheln zu zwei
bis acht in den Blattachseln
sitzend. Im Spätsommer
wachsen daraus
erbsengrosse, giftige
Steinfrüchte, anfangs grün
gefärbt, später bis zur
Reife rot und schwarz.

Blütezeit
Mai / Juni.

Standort
Der Faulbaum ist ein Erlen-
begleiter im Gebüsch, in
lichten Wäldern, an
Hängen und im Moor,
bis auf 1000 m Höhe.

Sammelzeit
März / April oder August
bis Oktober. Nicht zu
verwechseln mit dem Kreuz-
dorn, der Dornen besitzt
und wechselständige Blätter
hat.

Verwendeter Teil
Rinde der Seitenäste. an-
schliessend ein Jahr lagern
oder auf 100°C erhitzen,
da sich der Wirkstoff
Anthrachinon erst nach
einem Jahr entwickelt.

Wirkstoffe
Anthrachinone, Frangula-
rosid, Glukofrangulin,
Gerb- und Bitterstoff.

Wirkung
Abführend, hat in richtiger
Dosierung keine Neben-
wirkung und führt
nicht wie andere Abführ-
mittel zur Reizung der
Darmschleimhaut.

Anwendung: *Tee* als Aufguss der Rinde (siehe Seite
11) bei Verstopfung, Hämor-
rhoidaler Verstopfung, Fett-
leibigkeit, anomaler Gallensekretion, Leber-, Gallen-,
Milzleiden. Zur gleichen
Heilanzeige kann auch die
Tinktur der einjährigen
Rinde (siehe Seite 12) verwendet werden. Das *Pulver*
der einjährigen Rinde, mit
Honig gemischt, ist bei
chronischer Verstopfung
angezeigt.

Eberesche, Vogelbeerbaum

(Sorbus aucuparia L.)

Der Vogelbeerbaum erfreut
mit einem herbstlichen
Bild von einmaliger
Farbenpracht. Behangen
mit zinnoberroten Beeren,
steht der Baum in der
Landschaft wie ein riesiges
Festbouquet. Ein
Schwarm Dompfaffen mit
grauen Röckchen,
schwarzen Häubchen und
roten Brustlätzchen
pickt in der bleichen No-
vembersonne eifrig nach
der ergiebigen Beeren. Für
die pfeifende Flugschar
ist die Vogelbeere ein
beliebtes Winterfuttermittel.

Nomenklatur
Sorbus = alter römischer
Baumname, aucuparia
lat. aucupari = Vogel-
stellen (Gebrauch der
Beeren beim Vogelfang).
Vogelbeere = Vogelfutter im
Herbst und Winter.

Volksnamen
Eibschen, Äbsche, Stink-
esche, wilde Esche,
Chrottebeeri, Amselbeere.
Drosselbeere, Stinkholz,
Sperberbaum.

Botanik
Mehrjähriges Rosen-
gewächs (Rosacea), bis
16 m hoch.

Wurzel
Kräftige Wurzeln, aus
denen ein Baum mit lockerer
Krone aufsteigt.

Blatt
Wechselständig, gestielt, unpaarig gefiedert, im Herbst dunkelrot gefärbt, mit neun bis 19 länglich lanzettlichen Blättchen, ungleich stachelspitzig gesägt.

Blüte
Weiss, stark duftend, eine vielblütige Dolde mit fünf dreieckigen Kronblättern. Im Herbst reift eine erbsengrosse, kugelige, rote Frucht mit saurem bis bitterem Geschmack. Die beerenfressenden Vögel geben den Fruchtsamen unverdaut der Erde zurück und sorgen unfreiwillig für die Fortpflanzung des Baums.

Blütezeit
Mai/Juni, Beerenreife: September/Oktober.

Standort
Beliebter Strassen-, Allee- und Gartenbaum, verwildert am Waldrand, in Hecken und im Gebüsch, bis 2400 m Höhe.

Sammelzeit
Blüten im Juni, Beeren September/Oktober.

Verwendeter Teil
Blüten und Beeren.

Wirkstoffe
Gerbstoff, Sorbitansäure,

Sanddorn

(Hippophae rhamnoides L.)

Apfel-, Zitronen-, Bernstein-, Wein- und Sorbinsäure, hoher Vitamin-C-Gehalt, Amygdalin, ätherisches Öl und Provitamin A.

Wirkung
Blutstillend, abführend, harntreibend, darmreinigend, entzündungswidrig.

Anwendung: *Tee* als Abkochung der Beeren (siehe Seite 11) zum Gurgeln bei Heiserkeit. Der Blütentee als Aufguss ist ein beliebtes Frühstücksgetränk. *Pressaft* der Beeren ist angezeigt bei Rheuma, Verstopfung, Nierenstein, Harnbeschwerden und Lungenerkrankungen, dreimal täglich 1 bis 2 Esslöffel voll eine halbe Stunde nach dem Essen. *Vogelbeerschnaps:* Zwei bis drei Handvoll frische, zerquetschte Vogelbeeren werden in einem Liter Branntwein für eine Woche angesetzt und anschliessend abfiltriert. Bei Magenverstimmung (zum Beispiel nach Pilzgerichten) einen Esslöffel voll mit Wasser einnehmen. *Vogelbeersirup:* 100 bis 200 g Beeren werden in einem Liter Wasser aufgekocht und anschliessend abfiltriert. Anschliessend löst man in der Flüssigkeit

1 kg Zucker oder Honig auf. Dieser Sirup ist ein beliebtes Lungen- und Hustenmittel. *Wildkräuterküche:* Mit Zucker vermengt können die Beeren zusammen mit Äpfeln zu einem Kompott oder Gelee zubereitet werden, was besonders gut zu Lamm- und Wildfleisch schmeckt, aber auch als Brotaufstrich zu empfehlen ist. Küchengeister mit sensibler Zunge lassen den ausgepressten Beerensaft vergären, bis daraus Essig wird, und verwenden ihn zur Salatsauce.

Der Sanddorn gönnt sich mit seinen dornigen Ästen einen langen Winterschlaf. Lange schon singen die Amseln im frischen Grün der Birken, aber der Sanddorn wartet mit seinem Blütenfest und scheint zu meditieren. Erst die wärmende Maisonne kann ihn wecken und zum Blühen ermuntern.

Nomenklatur
Der Gattungsname Hippophae aus dem Griechischen bezieht sich auf hippos = das Pferd und phao = ich töte, weil die Früchte in antiker Zeit gegen das Ungeziefer der Pferde verwendet wurden. Rhamnoides = kreuzdornartig. Sanddorn = Strauch, der häufig an Sandstellen wächst.

Volksnamen
Fasanbeere, Sandbeere, Korallenbeere, rote Schlehe, Seedorn, Dünedorn.

Botanik
Mehrjähriges Ölweidengewächs (Elaeagnacea), ca. 100 bis 400 cm hoch.

Wurzel
Tiefgehende Hauptwurzel mit kriechenden Wurzelausläufern, aus der Wurzelbrut erhebt sich ein weidenähnlicher Strauch, der sparrig abstehende

Äste mit Dornen und dunkelbrauner Rinde trägt.

Blatt
Die lineal weidenähnlichen Blätter sind auf der Unterseite weisslich glänzend, auf der Oberseite mattgrün.

Blüte
Unscheinbar gelbbräunlich, die männliche steht in kopfartigen Blütenständen, die weibliche in kurzen, wenigblütigen Trauben. Der Wind, des Sanddorns Freund, muss die Blütenpollen vom männlichen Baum auf die weiblichen Blüten hinübertragen. Die orangeroten, leuchtenden Früchte erscheinen im Herbst und haben eine eiförmige Gestalt, 7 bis 8 mm lang, ca. 4 ½ mm breit. Die Innenfrucht ist nussartig einsamig von säuerlichem Geschmack.

Blütezeit
Mai.

Standort
Der Sanddorn liebt Sonne, Wärme und Wind, er bevorzugt die Einsamkeit an sandigen, steinigen Flussufern, an Böschungen und Hängen und steht sogar in Parkanlagen als natürliche Hecke.

Schwarzer Holunder

(Sambucus nigra L.)

Sammelzeit
September / Oktober vor dem ersten Frost.

Verwendeter Teil
Beeren.

Wirkstoffe
Hoher Anteil an Vitamin C (übertrifft sogar den Gehalt der Zitrone), Vitamin B, E, P, Calcium, Apfelsäure, Quercetin, Mannit, Weinsäure, Buttersäure.

Wirkung
Der hohe Vitamin-C-Gehalt macht den Sanddorn zu einem guten Abwehrmittel gegen Infektionen und trägt zur besseren Funktion der blutführenden Gefässe bei, fördert die Zellatmung, ist wichtig für die Knochenbildung und für die Erhaltung des gesunden Zahnfleisches.

Anwendung: *Sanddornsaftkur (siehe Seite 12)* als Vorbeugemittel gegen Infektionen besonders der Atmungsorgane, für die Knochenbildung, gesundes Zahnfleisch, gegen Bleichsucht, Schwäche, Konzentrationsmangel, Appetitmangel, Degenerationserscheinungen im Darm, als Herbstkur für die Vitamin- und Mineralversorgung. *Sanddornkonfitüre:* Ein Liter ausgepresster Sanddornsaft wird mit ca. 500 g Honig

oder Zucker auf Sirupdicke eingekocht. *Sanddornsirup:* 1 kg Sanddornsaft wird mit 1 kg Zucker oder Honig aufgekocht und in Flaschen abgefüllt. *Sanddornlikör:* Die Sanddornbeeren werden in einem Glasgefäss mit Branntwein überdeckt und eine Woche an die Sonne gestellt. Anschliessend wird abgepresst und pro Liter Saft 500 g Zucker oder Honig aufgelöst.

Wer hat nicht eine Schwäche für diesen grossen, buschigen Strauch, der an Wegrändern steht, über Mauern schaut und sich an Zäunen und im Garten ansiedelt? Von ihm geht etwas Beruhigendes aus. Ab und zu möchte man ihn mit einer alten Tante mit weitem Rock vergleichen, immer auf unser Wohlsein bedacht.

Nomenklatur
Die Etymologie des Gattungsnamens «Sambucus» steht nicht fest, vielleicht zu sabina = Sadebaum gehörig. Nigra = schwarz, bezieht sich auf die schwarzen Beeren. In der deutschen Bezeichnung Holunder versteckt sich die Göttin Holla. Eine alte Sage berichtet, dass sie in diesem Baum hauste.

Volksnamen
Holder, schwarzer Flieder, Holderbusch, Holle, Altholder, Bachholder, Ellhorn, Mausflieder.

Botanik
Mehrjähriges Geissblattgewächs (Caprifoliacea), ca. 300 bis 800 cm hoch.

Wurzel
Starke Wurzeln mit hellbraunem oder grauweis-

sem Stamm. Das Innere des Stammes birgt ein korkartiges, weisses Mark.

Blatt
Die gegenständigen Blätter sind unpaarig gefiedert. Sie setzen sich aus fünf bis sieben elliptischen, hellgrünen Fiederblättchen mit gesägtem Rand zusammen.

Blüte
Im Sommer kleidet sich der Strauch mit unzähligen honiglosen, stark duftenden, weissen Blüten in schirmförmigen Trugdolden. Die Blüten stehen aufrecht. Die Fruchtstände sind nach unten geneigt. Im Herbst biegt sich der Holunder unter seinen fast schwarzen Beerenschirmen. Schön glänzende Beerensträusse aus Trugdolden hat sich das wilde Geissblatt angesteckt. Diese Beeren sind eine Lieblingsnahrung verschiedener Vogelarten, die den Samen an oft schwer zugänglichen Orten aussäen.

Blütezeit
Mai bis Juli, Beeren: Oktober / November.

Arten
Der kleine Bruder des Strauches ist der Zwergholunder oder Attich (Sambucus ebulus), eine schlanke, verästelte

Staude, die bis 150 cm hoch mit rosafarbenen Blüten und später mit violettschwarzen Beeren am Waldrand wächst. Der grosse Bruder ist der rote Holunder (Sambucus racemosa), auch Trauben-, Hirsch- oder Bergholunder genannt. Mit seinen scharlachroten Beeren ist er eine Zierde unserer Bergwelt. Jedes Jahr überrascht er den Naturfreund, indem er im sommerlichen Grün seine Beeren rötet.

Standort
In ländlichen Gegenden gehört der Holderstrauch zu jedem Bauernhaus; er ist dort eine lebendige Hausapotheke. Er wächst auch wild am Waldrand, im Gebüsch und an Hecken, bis auf 1500 m Höhe.

Sammelzeit
Blüten: Mai bis Juli, Beeren: Oktober/November, Rinde: im Frühjahr.

Verwendeter Teil
Blüten, Beeren und Rinde.

Wirkstoffe
Die Blüten haben neben Rutin 1% ätherisches Öl, ferner Gerbstoff, wenig Sambunigrin, Glycosid, organische Säuren wie Apfel-, Baldrian- und Weinsäure. In den Beeren finden wir 6 bis 8% Invertzucker, 1,5% organische Säuren, Ascorbin-, Weinstein- und Valeriansäure, Anthacyanfarbstoff, 0,3% ätherisches Öl, Schleim, Bitterstoff, Cholin, Vitamin A, B1, B2, C sowie das neu entdeckte Vitamin J.

Wirkung
Wenn man in alten Kräuterfibeln nachliest, bekommt man unwillkürlich den Eindruck, dass es sich um einen Wunderstrauch handeln muss. «Hut herunter vor dem Holunder!» Die Achtung vor dieser Pflanze verstieg sich im Mittelalter so sehr, dass Männer der damaligen Zeit den Hut vor ihr zogen. Der Holunder birgt hohe Heilkräfte in sich: Die jungen Blätter eignen sich als Blutreinigungstee, die Blüten werden eingesetzt bei Fieber, Grippe, Erkältung, Katarrh, Wechselfieber und Rheuma, die Rinde ist harntreibend, die Beeren sind leicht abführend, blut- und darmreinigend, führen in hohen Dosen aber zu Brechreiz.

Anwendung: Der *Holunderblütentee* als Aufguss (siehe Seite 11) findet Verwendung bei Grippe, Fieber, Erkältung und Rheuma als schweisstreibendes Mittel. Der *Rindentee* als Abkochung (siehe Seite 11) wird bei Harnverhalten, Wassersucht, Rheuma und schlechten Magensäften verwendet. Der *Holunderblütensirup* (siehe Seite 12) ist ein durststillendes Getränk und eignet sich ausgezeichnet zur Blut- und Darmreinigung. Ein Medikament mit besonderer Wirkung ist der ausgepresste *Holunderbeersaft.* Der Prager Arzt Dr. med. Epstein verwendet den Saft in Tagesdosen von 2 dl bei Patienten mit langwierigen, schmerzhaften Neuralgien (Vitamin J). *Wildkräuterküche:* Eine köstliche Delikatesse zur Zeit der Holunderblüte ist das *Holunderküechli.* Die frischen, läusefreien Blütendolden werden in Omelettenteig getaucht und im heissen Fett schwimmend gebacken. Holunderküechli munden nicht nur köstlich, sie fördern auch den Stuhlgang. Die Kinder lieben das *Holundermus.* 1 kg Beeren wird mit 200 g Zucker und 30 g Mehl aufgekocht und in Gläser abgefüllt. Dies ergibt ein köstliches Kompott mit lieblichem Duft und Aroma. Vielerorts macht man mit den Holunderbeeren einen feinen *Likör.* Man nimmt frische oder gedörrte Beeren und deckt diese mit Branntwein zu,

stellt sie eine Woche an die Sonne und presst nach dieser Zeit ab. Dann wird der Flüssigkeit pro Liter ein Pfund Zucker beigegeben und aufgelöst. *Kosmetik:* In der Naturkosmetik ist die Holunderblüte eines der begehrtesten Kräuter. Schon seit Jahrhunderten werden die Blüten als Mittel gegen Sommersprossen und gegen Falten im Gesicht verwendet. Das Gesichtswasser als Aufguss der Blüten (siehe Seite 11) reinigt den Teint, macht ihn weich und weiss.

Vorsicht: Bei zu hohen innerlichen Gaben von Holunderbeeren als Saft, Likör oder Mus kann infolge des Sambunigringehalts Brechreiz auftreten.

«Wenn der Weissdorn blüht im Hag, so wird es Frühling auf einen Schlag», lautet eine alte Bauernregel. Dioscurides, der im ersten Jahrhundert n.Chr. lebte, gab der Pflanze den botanischen Namen: «Crataegus oxyacantha».

Nomenklatur
Crataegus griech. krataios = fest und stark, bezieht sich auf das harte Holz der Pflanze, oxyacantha griech. oxys u. acantha = spitzig, Dorn = Strauch mit spitzigen Dornen. Weissdorn = Strauch mit weissem Blütenmantel und Dornen.

Volksnamen
Hagedorn, Mehlbeere, Mehlfässchen, Sauerrauch.

Botanik
Mehrjähriges Rosengewächs (Rosacea), ca. 5 bis 10 m hoch.

Wurzel
Kräftige Wurzeln mit zähem, hartholzigem Stamm und aschgrauer Rinde. Die Zweige tragen Dornen, ca. 6 bis 15 mm lang.

Blatt
Die drei- bis fünflappigen, ca. 4 cm langen Blätter sind am Rand ungleichförmig gesägt von

herzförmiger Gestalt (Signatur).

Blüte
Auf den weiss-rötlichen Doldenrispen stehen Rosenblüten, ähnlich wie Apfelblüten, die von Bienen oft besucht werden. Im Herbst reifen daraus kugelförmige, 12 mm grosse Beeren mit zwei bis drei einsamigen Steinen und braunem Mark.

Blütezeit
Blüten: Mai / Juni, Beeren: Oktober.

Arten
Man unterscheidet zwei Weissdornarten, den zweigriffligen Weissdorn (Crataegus oxyacantha) und den eingriffligen Weissdorn (Crataegus monogyna) mit einem Griffel in der Blüte. Beide Arten haben den gleichen Standort und seher einander verblüffend ähnlich. Beide werden zu medizinischen Zwecken gebraucht, nicht aber der Rotdorn, eine Abart, die wir als Alleebaum kennen. Im Frühling kleidet dieser sich in einen Blütenmantel mit abertausend roten Blüten.

Standort
Am Waldrand, in Hecken, Ziergärten und Parkanlagen,

im Gebüsch bis auf 1600 m Höhe.

Sammelzeit
Blüten und Blätter: Mai/Juni, Beeren: Oktober.

Verwendeter Teil
Blüten, Blätter, Beeren.

Wirkstoffe
Flavonoide, Hyperosid, Quercetin, Vitexin, Triterpensäure, Aesculin, Saponin, Acetylcholin, Gerbstoff.

Wirkung
Der Weissdorn ist der «Baldrian des Herzens». Seine Hauptwirkung beruht auf der Herzberuhigung und Gefässerweiterung. Weissdornpräparate sind angebracht bei Herzstörungen des alternden Menschen mit leistungsgeschwächtem Herzen und Durchblutungsstörungen der Kranzgefässe, die das Herz mit Blut versorgen. Die Wissenschaftler sprechen in diesem Zusammenhang von einem Eingriff in den Herzmuskelstoffwechsel.

Anwendung: Es gibt zwei *Teeformen,* entweder als Aufguss der Blüten und Blätter (siehe Seite 11) oder als Abkochung (siehe Seite 11) der Beeren. Beide Anwendungen sind zu empfehlen zur Herzstärkung, bei Herzbeschwerden, Wechseljahrbeschwerden, Kreislaufstörungen und Arteriosklerose. Bei Herzmuskelschwäche, häufigen Infektionskrankheiten und Schwäche verwendet man den *Weissdornwein* (siehe Seite 12) mit frischen oder getrockneten Beeren. Als tägliches Herzstärkungsmittel hat sich auch die Weissdorn-*Tinktur* (siehe Seite 12) der Beeren bewährt. Pfarrer Künzle, der weltbekannte Kräuterkenner aus Zizers, empfiehlt in seinem Kräuterbuch den *Weissdornlikör:* Drei bis vier Handvoll frische Beeren werden zerquetscht und mit einem Liter Branntwein angesetzt. Einige Melissenblätter werden dazugegeben. Das Glas wird verschlossen eine Woche an die Sonne gestellt, anschliessend die Flüssigkeit sorgfältig abfiltriert und mit Zukker oder Honig gesüsst. *Wildkräuterküche:* Feinschmecker machen aus den Weissdornbeeren eine herrliche *Konfitüre.* Die Beeren werden etwa einen Tag lang von Wasser oder noch besser von Rotwein überdeckt, nachher wird die Flüssigkeit filtriert und mit Kandiszucker, den man

Hagebutte, Heckenrose

(Rosa canina L.)

schon vorher in Wasser aufgelöst hat, leicht eingekocht. Ein Löffel voll Zitronensaft verbessert das Aroma. Übrigens können wir die Weissdornbeeren mit anderen Früchten vermischt für allerlei Konfitüren verwenden.
Kosmetik: Haben Sie schon einmal in Weissdorn gebadet? In diesem Weissdornbad (siehe Seite 13) mit Beeren oder Blättern wird unsere Haut mit köstlichen Naturstoffen belebt, massiert und gereinigt, was besonders auch angezeigt ist zur Kreislaufanregung und zur Herzstärkung. Die tägliche *Waschung* mit *Weissdornblüten-Absud* (siehe Seite 11) kräftigt und belebt die Gesichtshaut.

Wie Apfel, Birne, Quitte, Kirsche, Aprikose, Pflaume, Pfirsich, Mandel, Himbeere, Brombeere und Erdbeere gehört die Hagebutte zur botanischen Familie der Rosengewächse. Im Gegensatz zur Gartenrose werden die meisten wild wachsenden Rosenarten Hecken- oder Hundsrose (hundsgemein) genannt. Weit verbreitet ist auch die Bezeichnung Hagebutte, abgeleitet von der Frucht: Hag = dichtes Gebüsch, Butzen = Klumpen.

Nomenklatur
Rosa canina lat. = hundsartige Rose.

Volksnamen
Hundsrose, wilde Rose, Hagrose, Buttle, Dornrose, Frauenrose, Hetsch-Petsch, Däghüfe.

Botanik
Mehrjähriges Rosengewächs (Rosacea), ca. 2 bis 3 m hoch.

Wurzel
Kräftige Wurzeln, Äste und Zweige hängen oben seitlich über. An den Zweigen sind rückwärts hakenförmig gekrümmte Stacheln (fälschlich Dornen genannt).

Blatt
Wechselständig, unpaarig gefiedert und gezähnt.

Blüte
Blassrot oder fast weiss, angenehm duftend, in einem ovalen, kugeligen Kelchbecher stehend. Im Herbst reifen daraus die bekannten Hagebutten, die scharlachroten Scheinfrüchte mit verschiedenen Formen.

Blütezeit
Mai/Juni, Beeren: Oktober/November.

Arten
In vielen Gärten und Anlagen zieht man eine weitere wilde Rosenart, die Rosa rugosa = Kartoffelhundsrose mit den grossen runden Früchten, grösser und bauchiger als die übliche Hagebutte. Man rühmt die Kartoffelhundsrose als die zum Einmachen geeignetste. In unseren Bergen gedeiht die alpine Hundsrose (Rosa alpina), die keine Stacheln besitzt (Rose ohne Dornen); sie blüht hochrot und hat einen angenehmen Duft.

Standort
Am Waldrand, an Flussdämmen, im Gebüsch, an Wegrändern, als Hecke. Die Vermehrung des Strauches wird durch Vögel gewährleistet, die die fleischroten Früchte verzehren und dabei den Samen im Gelände verstreuen.

Sammelzeit
Oktober/November.

Verwendeter Teil
Beeren bei beginnender Reife, d.h. wenn sie weich werden.

Wirkstoffe
Neben der Johannisbeere, dem Sanddorn und der Kartoffel ist die Hagebutte einer der bedeutendsten Vitaminträger mit ca. 1700 mg/% Vitamin C. Dieser Gehalt wird mit Vitaminen aus der B-Gruppe sowie durch Vitamin A, K und E ergänzt. Im weiteren enthält das Fruchtfleisch der Hagebutte Zitronen- und Apfelsäure, 30% Zucker, Schleimstoff und ätherisches Öl.

Wirkung
Harntreibend, blutreinigend, reinigt Niere und Blase von Griess- und Granulatbefall.

Anwendung: Der *Tee* als Aufguss der Hagebutten (siehe Seite 11) ist ein guter Durststiller und darf als mildes Heilmittel betrachtet werden. Der Vitamin-C-Gehalt der Hagebutte hat eine wichtige biologische Bedeutung bei der Immunisierung des Körpers und Steigerung der Abwehrkräfte gegen Infektionen. Bei Fieber wird das Vitamin C im Organismus besonders schnell aufgebraucht, ein Zeichen, dass der Körper es zum Abwehrkampf benötigt. Der Hagebuttentee findet Verwendung bei Fieber, Grippe, Katarrh, als Vitaminspender, ferner bei schlechter Nierenfunktion, zur Blutreinigung, bei Zahnfleischbluten. Stillende Mütter erhöhen den Vitamin-C-Gehalt der Muttermilch durch täglichen Genuss von Hagebuttentee. Wenn der Hagebuttentee täglich über Monate eingenommen wird, muss er zu gleichen Teilen mit Karkaden oder Brombeerblättern vermischt werden, da sonst das Herz ein wenig geschwächt würde. *Hagebuttenwein:* Man benötigt drei Liter Hagebutten, vier Liter abgekochtes Wasser und zwei Kilo Zucker. Die Hagebutten werden gewaschen, von den Stielen befreit, halbiert und in ein Gefäss mit weiter Öffnung gegeben. Aus dem abgekochten Wasser und Zucker bereitet man eine Lösung. Diese wird, sobald sie klar ist, auf die Hagebutten geschüttet. Das Gefäss wird mit einem Spundrohr versehen und der Inhalt an warmer Stelle der Gärung überlassen. Nach restlos erfolgter Gärung wird der Wein filtriert, in Flaschen abgefüllt und im kühlen Keller aufbewahrt. *Hagebuttenlikör:* Zwei bis drei Handvoll Hagebutten werden halbiert und entkernt. Dann wird das Ganze mit einem Pfund Zucker verrührt, mit zwei Liter Branntwein und einem Liter Wasser ergänzt und an die Sonne gestellt, anschliessend abfiltriert und verkorkt. *Hagebuttensirup:* Völlig entkernte und gereinigte Hagebutten werden in kleine Stücke geschnitten, eine halbe Stunde in Wasser eingelegt und dann kurz aufgekocht. Nach dem Erkalten wird abgepresst und pro Liter Saft ein Pfund Zucker gelöst. *Hagebuttenkonfitüre:* Die voll ausgereiften und entkernten Hagebuttenschalen werden durch ein Sieb gerieben (Kunststoffsieb — kein Metall). Auf 1 kg Mark gibt man 1 kg Zucker und wenig Wasser und kocht kurz auf, bis sich der Zucker gelöst hat. Anschliessend wird heiss in Gläser abgefüllt.

Vorsicht: Hagebutten sollten nie in Metallgefässen aufbewahrt oder verarbeitet werden, da sonst der Vitamingehalt ungünstig beeinflusst wird.

Berberitze, Sauerdorn

(Berberis vulgaris L.)

Die Natur, eine verschwenderische alte Dame, breitet jedes Jahr eine reiche Sammlung von Beeren und Früchten vor ihren Freunden aus. Grosszügig offeriert uns der Wildbestand die prächtigsten Formen von Kugeln und Zäpfchen mit den verschiedenartigsten leuchtenden Farben. Viele dieser Früchte sind reich an Vitaminen, Mineralsalzen, Fruchtzucker und aromatischen Essenzen, so auch die Berberitzenbeere.

Nomenklatur
Berberis stammt aus der nordafrikanischen Heimat der Berber, wo die Pflanze ihre Reise um die Welt begann, vulgaris = gewöhnlich.

Volksnamen
Surdorn, Essigbeere, Drüdorn, Spiessbeere, Weinzapfen, Guggerbeeri, Hasenbrot, Geissenlaub, Gitzibeeri, Fässlichrut, Bubenstrauch.

Botanik
Mehrjähriges Sauerdorngewächs (Berberidacea) 2 bis 3 m hoch.

Wurzel
Kräftige Wurzeln, von denen rötliche, rutenförmige Zweige aufsteigen, die später verholzen und schmutziggrau werden. Die Blätter verwandeln sich zum Teil in dreiteilige Dornen.

Blatt
Verkehrt eiförmig, büschelig stehend, verfärbt sich im Herbst rostrotbraun.

Blüte
Bildet eine vielblütige Traube, die aus Kurztrieben entspringt, starker, unangenehmer Duft, sechs Blütenblätter und sechs Kelchblätter von goldgelber Farbe. Interessant ist die Reizbarkeit der Staubblätter, die den Kronenblättern anliegen. Berührt man die ausgebreiteten Staubblätter mit einer Nadel, so schnellen sie mit einem Ruck nach innen und nehmen erst nach geraumer Zeit ihre Ruhelage wieder ein.

Blütezeit
April bis Juni, Beeren: Oktober / November.

Standort
Auf sonnigen Weiden, am Waldrand, auf steinigen Hügeln, bis 2200 m Höhe. Ausserdem wird der Berberitzenstrauch oft in Gärten und Parkanlagen angebaut. Da er der Zwischenwirt des für unser Getreide sehr schädlichen Getreiderostes (Puccinia graminis) ist wurden früher die Sauerdornbüsche recht zahlreich gerodet.

Sammelzeit
Beeren: September / Oktober, Blätter und Wurzelrinde: Mai / Juni.

Verwendeter Teil
Früchte, Blätter und Wurzelrinde.

Wirkstoffe
Vitamin C, Zitronen-, Apfel- und Weinsäure, Berbamin, Berberin, Oxyacanthin, Palmitin, Chelidonsäure und Mineralsalze.

Wirkung
Fördert die Gallensekretion, gefässerweiternd, kreislaufverbessernd, stimulierend auf die Leber, nierenanregend.

Anwendung: *Tee* als Aufguss der Wurzelrinde (siehe Seite 11) bei Leber-/ Gallenstauungen, bei Milzerkrankungen und zur Spülung bei Zahnfleischbluten. Zur gleichen Heilanzeige und insbesondere bei harnsaurer

Diathese mit ihren Folge-
zuständen, die zu Rheuma
und Gicht führen, verwen-
det man die *Tinktur* aus der
frischen Wurzelrinde (siehe
Seite 12). Der *Tee* als Aufguss der jungen, getrock-
neten Berberitzenblätter
(siehe Seite 11) wirkt harntreibend und abführend. Der
Berberitzensaft, mit Zucker
gesüsst, stärkt die Leber.
Die frischen, ausgereiften
Berberitzenbeeren werden
ausgepresst. Dann lässt
man den Saft 24 Stunden
stehen. Anschliessend wird
der Bodensatz entfernt und
dem Saft soviel Zucker oder
Honig beigegeben, bis der
saure Saft geniessbar wird
(Anwendung siehe Seite 12).
Wildkräuterküche: Mit dem
ausgepressten Berberit-
zenbeerensaft lässt sich ein
ausgezeichnetes *Gelee* herstellen, das besonders die
Leber reinigt. Der ausge-
presste Saft wird mit Zukker oder Honig auf Sirup-
dicke eingekocht. Die jungen, zarten Berberitzen-
blätter des Frühjahrs eignen
sich auch vorzüglich als
dosierte Beigabe zu Salat.

Vorsicht: Berberitzenextrakte
als Tee oder Tinktur dürfen
nicht lange Zeit eingenommen werden, da Überdosie-
rungen schädlich sind und
im Extremfall zu Atemnot
und Lähmungen führen
können.

Unter Eichen wurde einst
Gericht gehalten, im alten
Rom krönte man verdiente
Bürger mit Eichenlaub und
bei den Germanen galt die
Eiche als Baum des Gewitter-
gottes. In majestätischer
Ruhe, strotzend vor Kraft
steht die Eiche im Wald-
boden. Sie braucht fast 200
Jahre, um ein ausge-
wachsener Baum zu werden.

Nomenklatur
Quercus keltisch quer =
schön, cuez = Baum, robur
lat. = Steineiche. Eiche
aus altgermanisch eik =
Baum.

Volksnamen
Stieleiche, Flaumeiche,
Sommereiche.

Botanik
Mehrjähriges Buchenge-
wächs (Fagacea), bis 40 m
hoch.

Wurzel
Kräftige Wurzeln mit Sei-
tenwurzeln, kann bis zu
tausend Jahre alt werden
und einen Stammumfang
von zehn Metern erreichen.
Rinde anfangs glatt, später
rissig und borkig graubraun.

Blatt
Kahl, verkehrt eiförmig,
fiederlappig, wechselständig, glänzende, dunkelgrüne
Oberseite, lederartig, ca.
14 cm lang.

Eiche

(Quercus robur L.)

Blüte
Männliche Kätzchen, in
Gruppen hängend, grün-
lich; weibliche mit wenigen
Blüten und roten Köpfchen.
Frucht = Eicheln, eiförmig,
mit Fruchtbecher bedeckt.

Blütezeit
April/Mai (blüht nicht jedes
Jahr), Fruchtreife im Okto-
ber.

Arten
Quercus robur = Stieleiche,
Sommereiche mit ganz kur-
zen Blattstielen, ca. ½ bis
1 cm lang, Früchte an langen Stielchen. Quercus
petraea = Trauben-, Winter-
oder Steineiche mit langen

Blattstielen, ca. 1 bis 2 cm
lang, Früchte in Büscheln zu
ein bis drei Stück an kurzen
Stielchen, verliert die Blätter
erst im nächsten Frühjahr.
Beide Arten werden medi-
zinisch verwendet.

Standort
Die Eiche ist die Königin im
Laub- und Nadelwald.

Sammelzeit
Rinde im März/April,
Früchte im Oktober.

Verwendeter Teil
Rinde vom fünf- bis zehn-
jährigen Stamm ohne Bor-
ken, alte Baumrinde ist
weniger wirksam.

Wacholder

(Juniperus communis L.)

Wirkstoffe
Gerbstoff, Gallussäure, Querzin, Phlobaphen (Eichenrot), Ellagsäure.

Wirkung
Zusammenziehend, entzündungswidrig, stopfend.

Anwendung: *Tee* als Abkochung der Rinde (siehe Seite 11) bei Durchfall, erste Hilfe bei Vergiftungen, Leber- und Milzschwellung. *Bad* mit Eichenrinde (siehe Seite 13) bei Frostbeulen, Verbrennungen, Hämorrhoiden, Wundliegen, Bäckerekzem, Fussschweiss. *Wildkräuterküche:* Eichelnkaffee: entschalte und zerkleinerte Eicheln werden braun geröstet und noch heiss gemahlen, anschliessend kann mit dem Pulver Eichelkaffee zubereitet werden. *Kosmetik:* Das Eichenrindebad (siehe Seite 13) ist für die fette und unreine Haut angezeigt, es erfrischt und belebt.

Ein Salzburger Bauer meint: «Vor etla Heilkräuter muess ma den Huat abnehma, aber vor ana Kranawitten (Wacholder) und ana Hollastaudn muass ma si no dazue bucka.»

Nomenklatur
Juniperus stammt aus dem Keltischen und bedeutet rauh und dornig (Eigenschaft der Blätter), communis = gemein. Der deutsche Name Wacholder kommt vom altdeutschen Wort wehhal oder wachel = munter, frisch. Die ausgereiften Beeren haben stärkende und erfrischende Kräfte.

Volksnamen
Queckholder, Mechancel, Feckholder, Kranewitt.

Botanik
Mehrjähriges Zypressengewächs (Cupressacea) ca. 1 bis 4 m hoch.

Wurzel
Kräftige Wurzeln, aus denen ein zylindrischer Strauch emporsteigt, der aufrechte, nebeneinanderstehende Äste hat.

Blatt
Nadeförmig, ca. 1 cm lang, starr, spitz und stachelig (Schutz gegen die Gefrässigkeit der Tiere).

Blüte
Unscheinbar, grünlichgelb gefärbt; bis sie zur Frucht reift, vergehen drei Jahre. Im ersten Jahr blüht der Wacholder, im zweiten wird die Blüte fleischig-grün und beerenförmig, und im dritten wird die Beere dunkelschwarzbraun und erreicht ihre Reife. Es finden sich gleichzeitig auf dem Strauch Blüten, grüne und dunkelblaue Beeren.

Blütezeit
April bis Mai.

Arten
Vom Wacholder sind etwa 40 Arten bekannt. Bezüglich

Mistel

Wuchs, Gestalt und Grösse ist der Strauch sehr veränderungsfähig. Je nach Standort erreicht er eine Höhe von einem Meter, bis zu vier Metern oder noch mehr. In der Schweiz ist er als schlanker Strauch vertreten, baumartig in der Ebene, kriechend in Alpennähe.

Standort
Von der Ebene bis in die Hochalpen auf trockenem, magerem Boden, in der Heide, im Moor, an Hängen, in Weiden und lichten Wäldern. Der Wacholderstrauch gibt der Heide ein düsteres Gepräge. In der Dämmerung und an Nebeltagen haben die Sträucher fast etwas Gespenstisches an sich.

Sammelzeit
Beeren: September bis November, Nadeln und Triebspitzen: April bis Juli.

Verwendeter Teil
Beeren, Nadeln und Triebspitzen.

Wirkstoffe
Ätherisches Öl aus Terpenen, Bitterstoff (Juniperin), Gerbstoff, Harz, Fett, Pentosane, Gerbstoffglycosid, Traubenzucker, Ameisen- und Essigsäure, Invertzucker, Calcium, Kalium, Mangan, junge Nadeln auch Vitamin C.

Wirkung
Wärmt, löst innere Verkrampfungen, reinigt Magen, Darm, Lunge und Blut, wirkt anregend, harntreibend, magenstärkend und desinfizierend, besonders bei harnsaurer Diathese, bei Gicht und Rheuma.

Anwendung: *Tee* als Aufguss der zerquetschten Beeren (siehe Seite 11) zur Behebung von Magen- und Darmerkrankungen, zur Steigerung der Widerstandskraft, Förderung des Stoffwechsels, Harnausscheidung bei beginnender Wassersucht. *Beerenkur* zur Entwässerung, Blutreinigung, bei schwachem Magen, Blähungen und Sodbrennen. Täglich wird eine Beere mehr zerkaut, am ersten Tag eine Beere, am zwölften Tag zwölf Beeren und zurück. Die Beeren schmecken süsslich, erwärmend, bitter aromatisch. *Wacholdersirup* bei Lungenschwäche: 250 g Beeren werden mit 1½ Liter Wasser weichgekocht, zerdrückt und nochmals aufgekocht. Anschliessend wird abgepresst und soviel Honig beigefügt, bis eine sirupartige Masse entsteht. *Wacholdergeist* als Einreibemittel bei Rheuma, Flechten und Hautausschlägen: 500 g Beeren zerquetschen und in 2 Liter Branntwein 8 bis 14 Tage an die Sonne stellen, anschliessend abpressen und filtrieren. *Wacholderlikör* zur Hebung des Stoffwechsels und zur Entschlackung: 120 g Beeren und 120 Nadeln werden in einem Liter Branntwein angesetzt und eine Woche an die Sonne gestellt. Anschliessend wird abgepresst und ein halbes Kilo Zuckersirup beigefügt. Nach einer Woche nochmals filtrieren und in Flaschen abfüllen. *Wacholderlatwerge* zur Blutreinigung und Appetitförderung: 500 g ausgepresster Beerensaft wird mit 500 g Zucker oder Honig auf Sirupdicke eingekocht. *Vollbad:* Wacholderbeeren oder Nadeln können auch dem Badewasser (siehe Seite 13) beigefügt werden, insbesondere bei Rheuma, Gicht und Hautkrankheiten. *Gewürz:* In der Küche würzt man das Fleisch der Wildtiere mit Wacholderbeeren, ausserdem dürfen die Beeren im Sauerkraut und zu Fischgerichten nicht fehlen.

Vorsicht: Überdosierungen mit Wacholder sind gefährlich und können die Nieren reizen.

Ein Küsschen unter einem Mistelzweig soll viel Glück bringen, davon sind die Engländer überzeugt. Die alten Römer benutzten den schleimigen Mistelsaft der Beeren, um Vögel zu fangen, und in der altgermanischen Mythologie eröffnet der Mistelzweig den Zugang zur Unterwelt.

Nomenklatur
Der Gattungsname Viscum aus dem Lateinischen bezieht sich auf den viskosen Schleim der Beeren, album = weiss. Über den Ursprung des deutschen Namens ist man bis heute im Ungewissen.

Volksnamen
Vogelkraut, Geissenkraut, Hexenbesen, Hexennest, Hexenkraut, Bocksfutter, Heil aller Schäden, Vogelleimkraut, Wintergrün.

Botanik
Mehrjähriges Riemenblumengewächs (Loranthacea), ca. 100 cm Durchmesser.

Wurzel
Das Problem der Fortpflanzung hat die Mistel grossartig gelöst. Sie schickt ihren Samen nicht auf Windreise, sondern hält ihn in elfenbeinfarbenen, schleimigen Beeren verborgen. Diese

zwischen den Zweigen entspricht einem Jahrestrieb. Die gegenständigen Blätter sehen aus wie kleine Propeller, löffelförmig geartet.

Blüte
Zwischen den Gabelgliedern erscheinen im Frühling die kleinen, weisslichgelben Blüten mit orangenartigem Duft, aus denen im Spätherbst die perlenförmigen Beeren wachsen.

Blütezeit
März / April.

Arten
Auf Grund des biologischen Verhaltens unterscheidet man mehrere Mistelarten: Die Laubholzmistel ist auf fast allen Laubhölzern, besonders Apfel- und Lindenbäumen, Buchen, Ulmen und Kirschbäumen zu finden, die Tannenmistel auf Weisstannen und die Kiefermistel auf Kiefern. Die Mistel hat eine nahe Verwandte, die Riemenblume (Loranthus europaeus). Diese hat eine schwarzgrüne Rinde, und die Beeren sind gelb. Die Blätter wirft sie im Winter in Gegensatz zur Mistel ab.

Standort
Die Mistel gedeiht als Schmarotzerpflanze in der Kronenregion eines Baumes, bis auf 1200 m Höhe.

Sammelzeit
März / April, September / Oktober.

Verwendeter Teil
Blätter ohne Beeren.

Wirkstoffe
Viscin, Glycosid, Bitterstoff, Cholin, Saponin.

Wirkung
Blutdrucksenkend, stoffwechselanregend. Zurzeit sind eingehende Studien über die zellteilhemmende Wirkung im Gange.

Anwendung: *Tee* als Kaltauszug der Blätter (siehe Seite 11) — die Wirkstoffe werden bei Wärme zerstört — bei hohem Blutdruck, Wechseljahrbeschwerden, Ohrensausen, Schwindel, Kopfdruck, Herzbeschwerden und Arterienverkalkung. Zur gleichen Heilanzeige kann man auch das Mistelpulver der Blätter (siehe Seite 13) verwenden.

Vorsicht: Der Genuss von wenigen Mistelbeeren kann Vergiftungserscheinungen hervorrufen. Die Mistelblätter müssen ohne Beeren gesammelt werden.

werden in der Winterzeit von hungrigen Vögeln verzehrt. Da aber das Fruchtfleisch der Mistelbeeren ausserordentlich klebrig ist, bleibt der Samen mit dem Schleim leicht am Schnabel der Vögel haften. So müssen die Vögel die klebrige Kost immer wieder vom Schnabel wetzen. Bei diesem Vorgang können die Samen in Ritzen von Baumästen eindringen, ihre Wurzeln treiben und als Schmarotzer die Saftbahnen der Bäume anzapfen.

Blatt
Aus dem Wurzelspross bildet sich ein immergrüner Strauch von olivgrüner Farbe mit ca. 100 cm Durchmesser, mehrfach grobästig, buschig verzweigt. Jede Gabelung

Register der Heilpflanzen und Beschwerden

CIP-Kurztitelaufnahme der Deutschen Bibliothek
Vonarburg, Bruno:
Das Kräuterjahr — bewährte Heilpflanzen und beliebte Würzkräuter im
Jahreslauf / Bruno Vonarburg. — München: Gräfe und Unzer, 1983.
ISBN 3-7742-5602-0

Lizenzausgabe des Gräfe und Unzer Verlages mit Genehmigung des
Silva-Verlages Zürich. © 1981 by Silva-Verlag, Zürich
Nachdruck, auch auszugsweise, ohne ausdrückliche Genehmigung des
Verlages nicht gestattet.

Die Fotos stammen von Bruno Vonarburg, mit Ausnahme der Seiten 31, 37,
38, 42, 44, 45, 50, 60, 72, 76, 81 und 102 Rolf Handschin.
Einbandseite 4 Wothe.

Einbandgestaltung: Heinz Kraxenberger
Gesamtgestaltung: Frank R. Zwahlen
Reproduktionen: Repro-Singer AG, Zürich
Satz: Vontobel Druck AG, Feldmeilen
Druck und Bindung: Druckerei Ludwig Auer

ISBN 3-7742-5602-0